人も地域も元気になる

市技は「けん玉」山形県長井市

長井けん玉のふる里プロジェクト
実行委員会 編

ほんの木

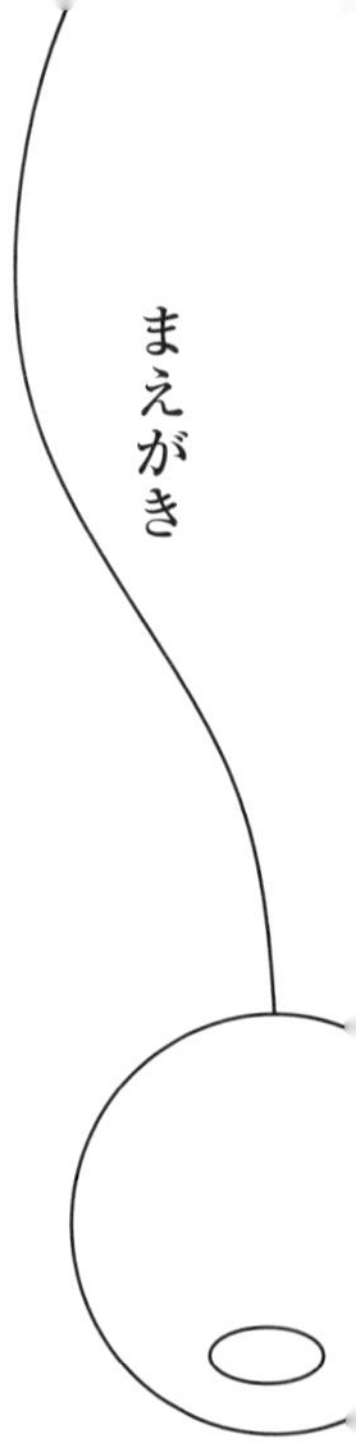

まえがき

公民館の入り口に立つと、中からコン、コン、コンという音とともに「わあ、やった！」「よし、うまく乗ったぞ！」「良かった！」などと、いかにも楽しそうな弾んだ声が聞こえてくる。中を覗くと、子どもから大人、シニアまで、額にうっすらと汗を浮かべて一心に打ち込んでいる。

「こんなに楽しいものはない！」「集中力が高まり、健康にもいい」「友だちづくりに最適のコミュニケーションツール」「カッコいい、クール！」などと、いきいきと話す人たちが暮らすまちがある。市外の人には何のことかわからないだろう。だが、このまちの人たちはこれだけで何のことかすぐわかる。

このまちは、山形県長井市。今、世界中で注目され、ブームとなっている「ＫＥＮＤＡＭＡ《ケンダマ》」、日本の伝統的な玩具で競技ツールでもある「けん玉」で最も知られるまちの一つである。

長井市で競技用けん玉製造が始まったのは48年前の１９７５年。より高次元を目指して質の向上に努めて完成した競技用けん玉は生産日本一となり、今では他の追随を許さない高品質な製品を生産している。多くの長井市民は子どもの頃からけん玉に親しみ、身近にあることが当たり前で、「けん玉のまち」を誇りとしており、市全体で市民と行政が一体となってけん玉による地域の活性化と健やかにいきいきと暮らせるまちづくりに取り組んでいる。

なぜ、けん玉なのか。日本けん玉協会（現・公益社団法人日本けん玉協会）を設立し、けん玉普及に努めてこられた同協会初代会長の藤原一生《いっせい》氏の依頼を受けて、長井市の鈴木与三郎氏が「競技用けん玉」製造に取り組んだことから始まる。当時、第二次世界大戦から帰ってきた藤原氏は「あの悲惨な戦争を二度と起こしてはならない。人種や言葉を越えて仲良くなれるものは何だ」と考えてけん玉に着目し、日本中、世界中に広め、世界平和に貢献していきたいと思い至った。

長井市長の内谷重治氏は、かつて市職員時代に藤原氏にお会いした折に、「けん玉のひびきは、平和のひびき。打てば平和の音がする」ということを熱く語っていたと振り返る。「けん玉は練習をすればするほど上達し、けん玉ひとつで初対面の人とのコミュニケーションがとりやすくなるという魅力的なツールでもある。今は、世界各地でけん玉を楽しむ人が増え、オンラインでつながることもできる。けん玉文化を通して藤原氏の平和に対する思いもまた伝わってほしい」との気持ちが、けん玉を活かしたまちづくりの始まりとなったようだ。

本書では、長井市で競技用けん玉製造が始まった経緯から「長井けん玉のふる里プロジェクト事業」とそれを推進する人々の思い、けん玉に親しむ人々の声とともに、けん玉が持つ健康、ダイエット、アンチエイジング、コミュニケーションツールとしての効果も取材した。

この本を通じて長井市を知ってくれる人、長井市のけん玉文化に触れて関わりを持ち、「けん玉のまち長井」を広めてくれる人が増えたら幸いだ。また、長井市に住む人たち、とりわけ若者や子どもたちが自分たちのまちを誇りに思ってくれれば望外の幸せである。

目次

まえがき 2

序章 けん玉を「市技」に制定 9

けん玉による「まちづくり」がスタート
条例で市技を定めたケースは全国で2例だけ
市民と市(行政)が一体となって、けん玉文化を創造

第1章 日本発祥のけん玉が、世界でブームを呼んでいる 19

ユーチューブが若い世代に火をつけた
規格を統一して競技・スポーツとして技を競う
健康効果も普及の要因となった
プレーヤー、観客がともに喜びを分かち合う楽しさがある
世界のトッププレーヤーが技を競い合う「けん玉ワールドカップ」
ヨーロッパで流行った遊びが伝わり、けん玉が生まれた

第2章 競技用けん玉製造が始まった 31

けん玉のふる里「水と緑と花のまち」長井市

最上川舟運で栄え、産業・文化・自然環境保全に先進的だった
「けん玉道」を通じて普及、けん玉文化が根付いている
長井市での競技用けん玉製造の軌跡
木地玩具・民芸品づくりから競技用けん玉製造へ
一分の誤差も許されない厳しい規格に試行錯誤が続く
けん玉の健康・保健効果を科学的に解明・情報発信
「市技」認定を機に、毎年小学校1年生全員にけん玉を寄贈
荒れたクラスがけん玉で明るくなった

第3章 市民と行政の連携によるけん玉文化の創造とまちづくり 49

けん玉のふる里プロジェクト事業の背景
「長井けん玉のふる里プロジェクト事業」がスタート
プロジェクトの事業展開
●けん玉ひろばスパイクの運営
●けん玉のギネス記録を達成
●けん玉チャレンジの実施
【けん玉チャレンジ実施店舗事例】
●「ケン玉ノ日in長井」けん玉チャレンジラリーの実施
●けん玉人口を増やす交流の取り組み

● 第1回長井市民けん玉大会の開催
● けん玉が長井市の「市技」に定められた
● 第2回長井市民けん玉大会の開催
● 第3回長井市民けん玉大会の開催
べにばなレジェンド、スパイクファミリーの活動と成果
【山形大学人文社会科学部との連携プロジェクト】
けん玉チャレンジ調査及びチャレンジマップのブラッシュアップに向けたフィールドワーク
（経緯と感想）

第4章 けん玉普及に取り組む市民の活動 107

べにばな国体から始まった長井市のけん玉文化
国体で、けん玉によるデモンストレーションをすると決まった
べにばな国体後も市民の活動継続
ペインティングでも長井市のけん玉文化をアピール
福祉けん玉の開発を機に、シニアのけん玉教室を開設
市長施政方針の「けん玉でまちづくり」を知り、心が湧き立つ
「バイカモンけん玉クリニック」のけん玉教室
【米沢栄養大学加藤教授が進めるけん玉の健康効果の科学的解明】
けん玉には健康・抗加齢・認知症予防などに期待できる運動効果がある

第5章　けん玉の魅力・面白さを市外の人にも伝えよう　137
けん玉を通して人がつながっている長井市は温かい
親子で市民けん玉大会出場、見事に優勝と3位を獲得
小学3年生で10代最高位の五段に昇格、技もアートも素晴らしい
けん玉で体幹が強くなり、足が速くなった！
けん玉で培った集中力で、漢字テスト100点を取った！

終　章　市民のみんながけん玉大使に！　171
世界に挑戦できる子どもたちが育つ
市民が参加するいきいきと暮らせるまちづくり
けん玉のひびきは平和のひびき

長井市けん玉年譜　178

取材・編集を終えて　182

けん玉のふる里プロジェクト事業について　186

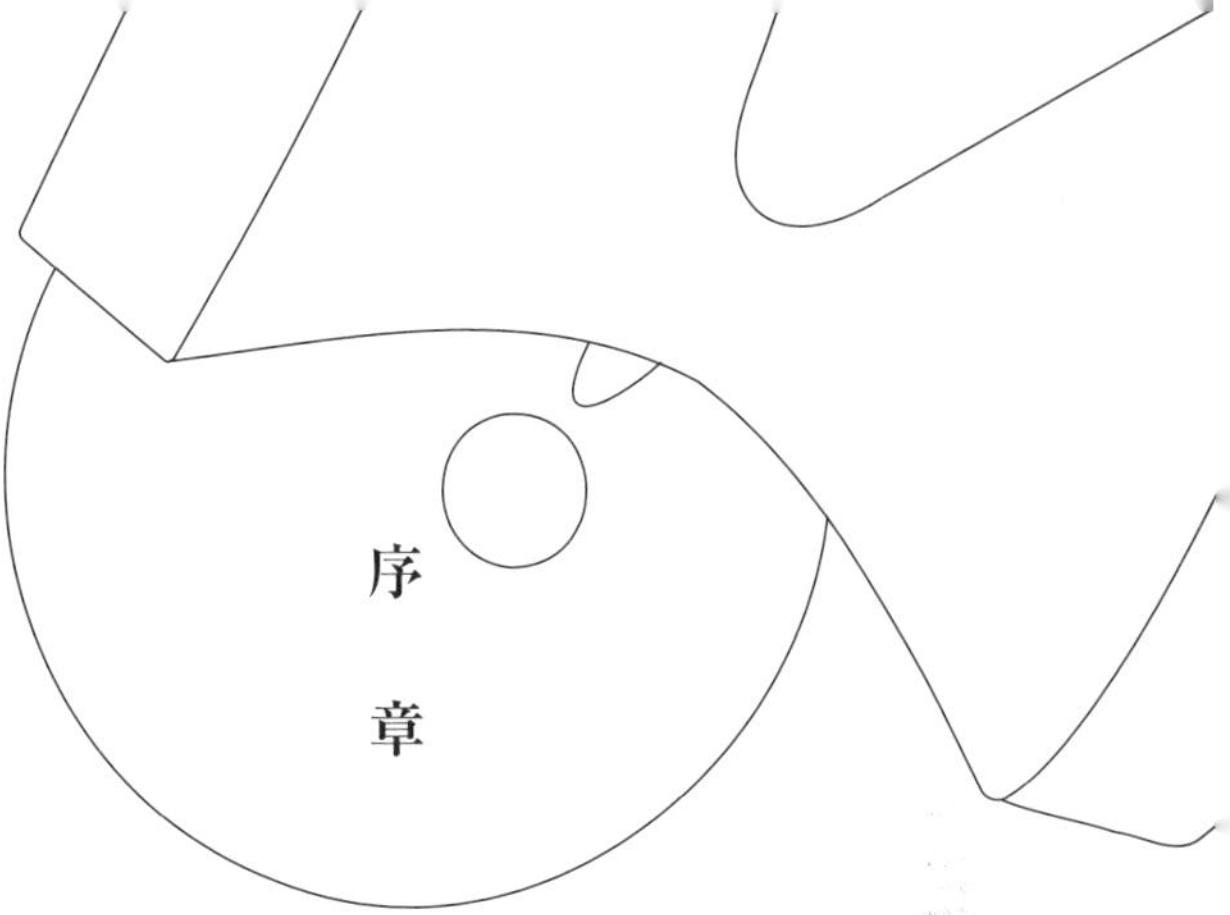

序章

けん玉を「市技」に制定

けん玉を市技に定めたまち長井市と市民の取り組みの概要

けん玉による「まちづくり」がスタート

今、日本中の地方都市で少子高齢化、産業の衰退と経済の疲弊、若者世代の流失などで急速に人口減少が進み、地域コミュニティの崩壊と都市そのものの存続が危ぶまれている。どの都市でも人口減少に歯止めをかけるための解決策が大きな課題となっているが、その道筋を描けないところがほとんどだと言っても過言ではない。

人、特に若い世代が集まり、定住するためには職、暮らしやすい環境、人々の絆や地域への共通の思いや誇りとなるものが求められる。

長井市には縄文遺跡があるように古代縄文時代から人が住み、中世には荘園が成立し、近代まで最上川の舟運で商工業が発展してきた歴史がある。昭和の時代には電気機器産業、電子工業などの先進的な分野の企業進出もあった。しかし、近年ではご多聞に漏れず市域の人口減少、経済の疲弊に悩まされている。

長井市ではこの課題解決のためにさまざまな施策が講じられているが、その一つとして観光振興計画を策定し、地域内の消費力を上げるために観光客などの交流人口を増加させて活力を取り戻すことが必要として、課題解決のためのアクションプログラムを進めている。

「水と緑と花のまち」と言われるように、長井市には最上川や置賜野川、ダム湖のながい百秋湖、国天然記念物となっている桜の名所、白つつじ公園、あやめ公園などがあり、見頃には多くの観光客が訪れる。そんなまちづくりのツールの一つとして、多くの市民に愛され、世界で注目を集めているけん玉を活用しようと、市民が主体の「長井けん玉のふる里プロジェクト事業」を立ち上げた。地域の活性化、まちづくりは民間だけ、行政だけの動きではなかなかうまくいかない。民間と行政が一体となり、連携して進める「長井けん玉のふる里プロジェクト事業」は、内外のけん玉への関心の高まりとともに大きく前に進み始めている。

けん玉が「市技」に定められたことを伝えるけん玉ひろばスパイクの看板

条例で市技を定めたケースは全国で2例だけ

２０２０（令和２）年10月1日、長井市は「長井市けん玉を市技に定める条例」（長井市条例第33号）を公布した。その内容は「けん玉を活用した世界との交流を推進し、けん玉文化の継承を通じて市民の健康づくりや子どもたちの健全育成を図り、けん玉を活かしたまちづくりを推奨するため、けん玉を本市の市技に定める」というものである。（けん玉を「市技」に定めたきっかけについては第3章で後述）

市技・町技と呼ばれるものはいくつかあるが、長井市のほかに自治体が条例で定めている例は広島県尾道市の囲碁のみである。北海道深川市は教育委員会がバレーボールと卓球を市技として定め、北海道比布町や東川町ではバレーボール、白糠町ではバドミントン、島根県奥出雲町ではホッケー、山形県最上町ではスキーがそれぞれ町技といわれているが、条例では定められていない。

市民と市（行政）が一体となって、けん玉文化を創造

これまでけん玉に興味を持たなかった人にはわからないかもしれないが、けん玉にはさまざまな利点がある。

まず、子どもから大人、シニアまで男女を問わず、ひとりでも複数でも楽しめて、集中力が向上したり、ステップアップを目指す積極性が養われる。また、有酸素運動の効果が高くバランス感覚を養い、体幹を強化するなどアンチエイジングやダイエット、トレーニングなどの運動効果、健康効果が期待できる。さらに、人と人をつなぐコミュニケーションツールとして

も優れていて、子どものアウトメディア（ゲーム離れ）、情操教育、シニアが交流できる居場所づくりなどにも大いに活用できることが知られている。

また、長井市には競技用けん玉生産日本一の企業（山形工房）があり、その製品は品質の良さから世界45か国にも輸出されており、その高い技術継承とともに雇用を生み、関連企業の発展にも寄与している。

ここで、長井市におけるけん玉の歴史を振り返ってみよう。

１９７５（昭和50）年、日本けん玉協会（２０１４年に公益社団法人日本けん玉協会となる）初代会長の藤原一生さんが、山形博進社（２００５年に山形工房に社名変更）の鈴木与三郎さんに協会公認の競技用けん玉製造を依頼したことが発端となった。

協会の厳しい規格に対応するため、幾多の試行錯誤を経て、２年後の１９７７（昭和52）年に競技用けん玉「富士」の製造が開始された。その後、競技としての広がりや品質向上に伴って生産量が伸び、１９９０（平

長井市の駅前通り商店街にある「けん玉ひろばスパイク」

成2）年に長井市が「日本一奨励に関する規則」によって「競技用けん玉生産日本一」を認定した。1991（平成3）年には、日本けん玉協会長井支部が開設されている。

長井市民の間にけん玉文化が根付いたきっかけは、1992（平成4）年の山形国体（べにばな国体）で卓球競技（少年の部）の開催地となったことである。1989年にけん玉でデモンストレーションを行うことが決まってから、市内各小学校で当時3年生（国体開催時に6年生）を中心にけん玉の練習が始まり、市民の間に関心が広がった。競技開始前に行われた式典では、小学生約280人がけん玉の集団演技を披露し、メディアに大きく報道されたこともあって、市内の小学校でけん玉が盛んになり、小学校を中心に市民の間にけん玉が広がった。

その後、徐々に下火となったが、西根小学校、長井小学校などでけん玉教室が行われ、1993（平成5）年から、日本けん玉協会長井支部が長井郵便局の協力を得てけん玉道場を開催した（1998年まで）。その後を受けて、西根地区では公民館が主催する形で、虹の森けん玉塾を開始し、現在も続いている。

2011（平成23）年から市は、「人口減少と産業体系の問題から地域経済が疲弊したため現状を維持することが最大の課題となり、地域内の消費力を上げるためには観光客などの交流人口を増加させて活力を取り戻すことが必要」として観光振興計画の策定に取り組んだ。そして2012（平成24）年に策定された計画に基づきアクションプログラムを進めた。その一環として2014（平成26）年に、市は「長井けん玉のふる里プロジェクト事業」（けん玉を使ったまちの活性化事業）を開始した。このプロジェクト事業では、実行委員会を立ち上げ、べにばな国体でのデモンストレーションの際に小学校6年生だったメンバー（べにばなレジェンド）を中心に取り組んだ。プロジェクトメンバーは市民活動として、市内外のお祭りやイベントなどでパフォーマンス披露やけん玉教室、けん玉大会を実施したり、バーベキューや芋煮会などのイベントを開催してけん玉普及と絆づくりを行い、交流人口を増やしてきた。

2015（平成27）年にプロジェクト事業の一環として、中心市街地に「けん玉ひろばスパイク（SPIKe）」を開設。第1回けん玉ワールドカップで日本人最高3位の実力者、秋元《あきもと》悟《さとる》さんが地域おこし協力隊員として初代管理人に着任した。また、べにばなレジェンドを発展的に解消して、市民が幅広く参加するスパイクファミリーを結成。スパイクファミリーと日本けん玉協会長井支部が連携してスパイクの運営に携わることになった。スパイクファミリーは年間80件を超えるイベントに参加するなど積極的に普及活動に取り組んできた。

スパイクファミリーの大きな活動の一つとして、2016（平成28）年に「連続してけん玉をキャッチした人の最長の列」（通称・大皿ドミノ）で1114人が連続して成功しギネス世界一に認定された。これが多くのメディアに取り上げられて「けん玉のまち長井」を印象づける

とともに、けん玉が市民の誇りともなった。（ギネス世界記録達成に関しては第3章に後述）

また、市内の宿泊施設、飲食店、カフェ、菓子店、理容店、観光施設などで設定された、けん玉の技を成功させると店舗独自のサービスが受けられる「けん玉チャレンジ」を開始。市内の50を超える店舗が協力し、商店街を活性化する市民の活動として広がり、交流人口増加にも貢献している。

２０１８（平成30）年にはスパイクファミリーが、地方新聞及び共同通信社主催の地域再生大賞に山形県の代表団体としてノミネートされ、優秀賞を獲得した。この年、及び翌２０１９年には、２年連続で「けん玉チャレンジラリー」を「一般社団法人グローバルけん玉ネットワーク（ＧＬＯＫＥＮ）」と共同で開催。第２回には海外プレーヤーも参加してけん玉を通した国際交流をし、山形工房と連携して参加選手が広葉樹の植樹を行っている。

２０２０（令和２）年には、かねてからプロジェクト実行委員会など市民の強い要望があった「第１回長井市民けん玉大会（市長杯）」を開催。子どもから大人、シニアまで幅広い層の市民の参加があり、けん玉が市民の文化として根づいたことから、「けん玉を市技に」という市民の要望を受けた市が条例案を提案し、議会での「市技」制定の動きにつながった。

その後、２０２１（令和３）年に「第２回長井市民けん玉大会」が開催され、けん玉好きで知られる演歌歌手の三山ひろしさんに長井けん玉大使を委嘱した。また、長井市技けん玉記録認定証交付規程を設け、記録認定に平野小学校の児童や父兄が挑戦するなど、多くの市民が楽しみながらけん玉文化の普及活動を行っている。さらに、民間と大学の連携によるけん玉の運動効果・健康効果の科学的解明と応用についての研究や、市と大学の連携協定による「けん玉チャレンジ」の調査及びチャレンジマップのブラッシュアップ提案などの研究も行われている。

冒頭に述べたように、けん玉にはさまざまな利点があり、その文化を市民と市（行政）が一体となって創造してきたことは特筆に値する。以下の章では、長井市における「けん玉によるまちづくり」がいかにして行われてきたか、その経緯とけん玉の可能性などについて詳述する。

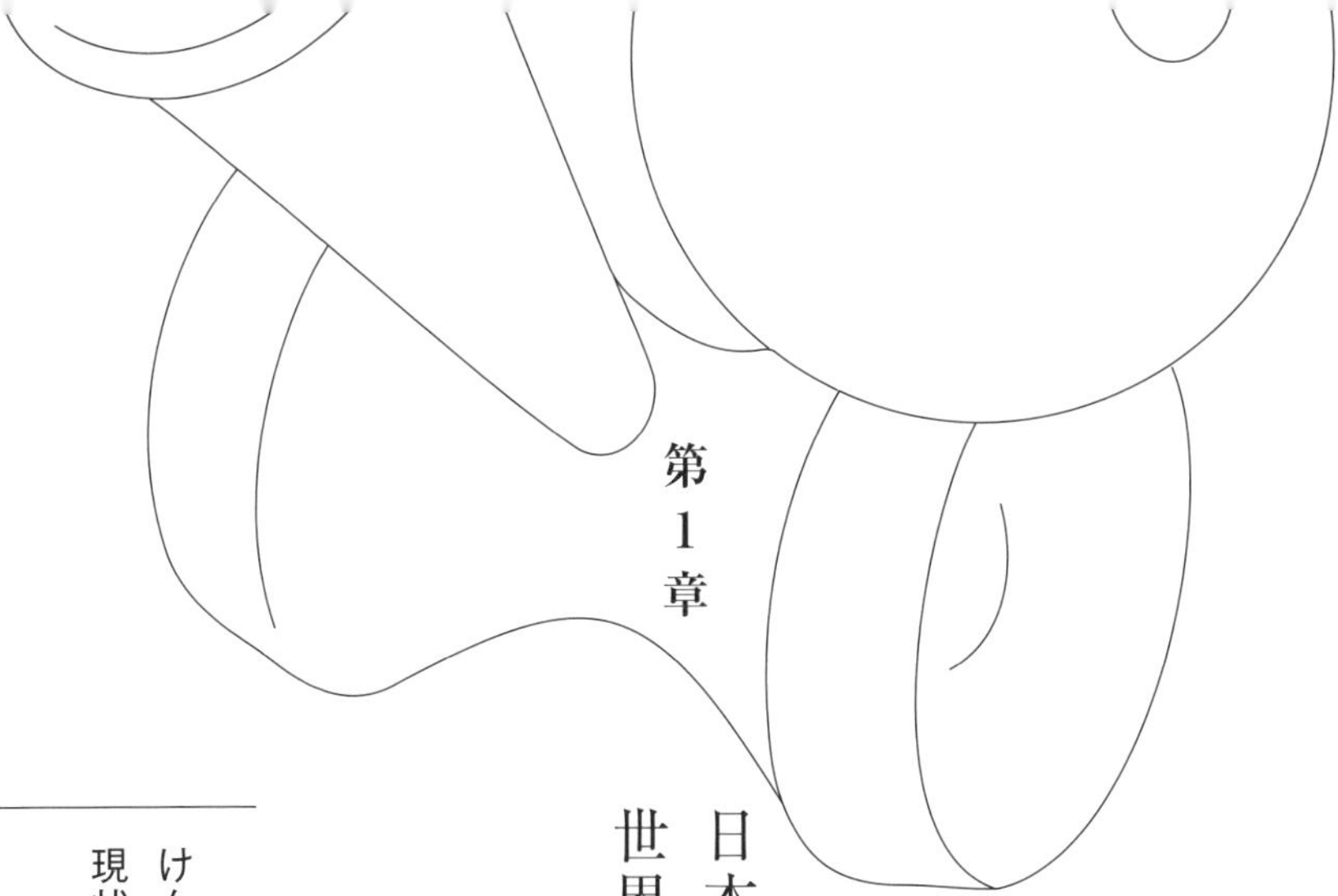

第1章

日本発祥のけん玉が、世界でブームを呼んでいる

けん玉が世界的なブームとなった背景及び現状と未来

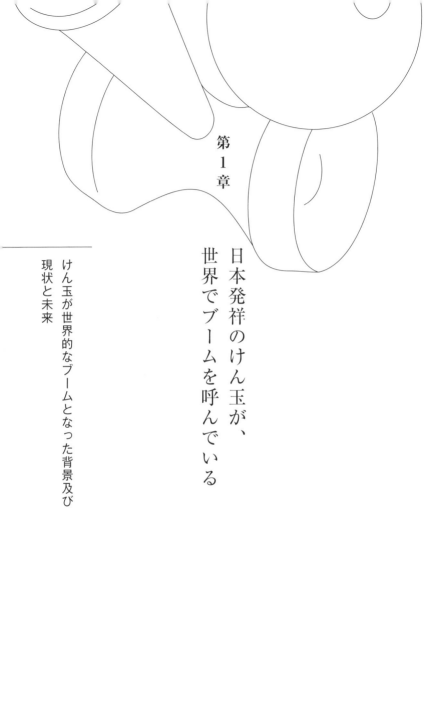

ユーチューブが若い世代に火をつけた

日本の伝統的な玩具として親しまれてきたけん玉を、一度は手にして遊んだことのある人も多いのではないだろうか。そのけん玉が、今や国境を越えて中国、アメリカ、ヨーロッパ、アフリカなど世界の国々に伝わり、その奥深さに魅せられて熱狂的な愛好者になる人が急増している。

日本国内のけん玉競技人口はおよそ３００万人と言われているが、海外では50か国以上に広がり、けん玉を楽しむ人はおよそ１０００万人にも達していると言われている。

何故これほどまでにけん玉が海外で普及したのか？

公益社団法人日本けん玉協会専務理事・事務局長の堤早知子さんは「ＳＮＳ、とりわけユーチューブの普及が大きいと思います。15年くらい前から、日本でスポーツの国際大会が行われ、海外から多くのスポーツ選手がやって来てけん玉の文化に触れました。それがきっかけとなって奥深さや面白さを知り、ユーチューブで技を披露する人が増えて広がっていきました。すごい技をリアルに見ることができるので若い世代に火がついたのです。特に10年くらい前からすごくブレイクしています」と指摘している。

海外にもけん玉ブランドがたくさんあり、アメリカ、ブラジル、ヨーロッパなどではそれぞ

上：公益社団法人日本けん玉協会事務局には、珍しいけん玉がたくさん飾ってある

左：文部科学大臣杯全日本少年少女けん玉道選手権大会の様子

公益社団法人 日本けん玉協会(Japan Kendama Association)

1975年5月5日創立。日本及び世界にけん玉の普及、伝承に関する事業を行い、人々の心身の健全な発展に寄与することを目的としている。日本におけるけん玉界を統轄し、国際的に日本を代表する法人。級・段位の検定運営や指導員の養成を行い、全日本けん玉道選手権大会、文部科学大臣杯全日本少年少女けん玉道選手権大会、全日本マスターズけん玉道選手権大会など、さまざまな大会を主催。各地で、子どもからシニアまで幅広い年齢層を対象に講習会や教室を開いている。

れのけん玉ブランドが大会を開催して普及に努めている。

一方で、２０１３～２０１４年にハワイでけん玉が子どもたちの間でブームとなったが、昔、日本で流行ったメンコのように、勝負して勝った子が負けた子のけん玉を取り上げてしまうということが頻繁に起こった。これが問題となり、学校にけん玉を持ってくることが禁止されるというブームに水を差す事例もあった。

「けん玉を普及する者として、子どもたちの射幸心を煽るのではなく、その文化や奥深さに触れてほしいと思います」と、ブームの裏に好ましくない状況があることを憂いている。

規格を統一して競技・スポーツとして技を競う

けん玉が国内及び世界に広がった要因の一つとして、日本けん玉協会が規格を作ってそれを広めたことが挙げられる。同じ規格でないと競技・スポーツとして不公平になる。認定された同じ規格のけん玉を使用することで競技・スポーツとして公平に技を競うことができ、そこから次々に新しい技が開発されて達成感を得られるとともに、さらに高みを目指して挑戦する楽しみが生まれて一大ブームとなってきた。

世界でもけん玉メーカーはたくさんあるが、やはり日本けん玉協会認定の競技用けん玉メーカーとして評価が高く、人気があるのは日本の山形工房で、世界大会等でも山形工房のコーナーには最も多くの愛好者が集まっている。

現在、けん玉の技は3〜4万種類あると言われているが、これらは一般的な技で、新しく開発された技を含めるとそれ以上になるという。

「飛行機という技がありますが、少し前までは2回転させることも難度が高かったのですが、今では8回転飛行機や3D回転を成功させるプレーヤーも出てきています。挑戦することの楽しさ、想像力、集中力、達成感など技の奥深さを知ることで、これからもますます技は増えていくと思います」と、堤さんは指摘する。

女子サッカーのなでしこジャパンの選手たちは、試合前の控え室で、けん玉によって集中力を高めて試合に臨んだと言われているが、著名なアスリートたちが愛好し、メンタルやフィジカルのトレーニングに取り入れていることが広く知られたのもブレイクした大きな要因であった。

日本けん玉協会では、認定指導員の講習会を行っており、アメリカ、香港、オランダ、ドイツ、イギリスなどの愛好者が登録されている。また、段位・級位の取得にチャレンジする海外プレーヤーも多く、わざわざ日本まで来て昇段試験に臨む人もいるそうだ。

健康効果も普及の要因となった

「普及した要因の一つに健康効果もあります。日本けん玉協会創設者の藤原一生さんは、52歳のときに腹膜炎で入院して病院生活を送りました。そのとき、運動のためにけん玉を取り寄せてリハビリに活用しました。そして、その素晴らしさを実感し、翌年、退院してからすぐに日本けん玉協会を創設しました。けん玉はそれぞれの技によって強度は違いますが、膝の屈伸を中心に腕、手、腰など全身の運動になり、有酸素運動としても有効です。脳の活性化、集中力のアップなど総合的な健康効果があり、達成感が得られるのでストレスの解消などメンタル面での効果も期待できます」と有用性を語る。

1991年に立ち上げたシニアけん玉連盟は、40歳以上を対象として、健康に楽しくけん玉をすることを目的として、今なお続いている。最高年齢91歳の方も元気に参加している。日本けん玉協会では、近年健康に特化した、健康けん玉指導員の資格認定も行っており、健康増進やコミュニケーションツールとしても役立っている。老若男女が手軽にけん玉を始められるように、47都道府県にも支部を設けているそうだ。日本けん玉協会の事務局に連絡をすれば、近隣のけん玉教室を教えてくれる。

プレーヤー、観客がともに喜びを分かち合う楽しさがある

一般社団法人グローバルけん玉ネットワークの代表を務める窪田保さんは、大学生時代にけん玉サークルを立ち上げ、モンゴルの人たちにけん玉を教えるけん玉交流を行い、けん玉一つを持って九州から北海道までヒッチハイクをしながら普及に努めた。大学卒業後は、世界の人たちにその楽しさを伝えようと青年海外協力隊員としてアフリカのモザンビークに赴任して子どもたちに教えてきた。

「モザンビークから帰国して、ユーチューブでアメリカのけん玉の動画を見ました。２００７年、２００８年、２００９年とすごい勢いで若い人たちに浸透し、国際的に広がっていくスピードの速さに驚きました。また、プレーヤーが超楽しそうにしているのを見て素晴らしいなと思いました。フェイスブックなどのＳＮＳでアメリカやヨーロッパなど、世界のけん玉好きがつながって情報交換や喜びを共有しているのを知って感動しました」と、当時の驚きを語る。

世界のトッププレーヤーが技を競い合う「けん玉ワールドカップ」

２０１０年頃から海外のプレーヤーが上手になっていくスピードがさらに速くなり、ムーブメントが起こってきた。そこで、世界のけん玉コミュニティの中に入り、情報収集と日本からの発信を目的に一般社団法人グローバルけん玉ネットワークを立ち上げた。

２０１２年にアメリカのけん玉ＵＳＡのプロモーションビデオの制作に関わり、２０１３年５月にはアメリカで行われた大会に参加した。そこで感じたのは「ユーチューブの力、ＳＮＳの力はすごいなあ！」ということと、「けん玉が世界をつなぐ」という原体験だった。チャンピオンを決める大会で、参加者みんなが一緒に喜んだり、惜しみなく賞賛する。その空気感をぜひ日本に持って帰って紹介したいと思い、２０１３年７月に「ＧＬＯＫＥＮカップ」を開催した。海外から競技に参加したのは10数人だったが、50～60人の観客がやってきた。これまでのけん玉大会では観戦者の存在が感じられなかったが、日本でも、観客がけん玉のプレーを見て喜んだり、感動を分かち合う楽しみ方が広まる可能性を感じた。

２０１４年に広島県廿日市市で、「第１回けん玉ワールドカップ」を開催した。世界の11の国と地域から45名、日本から61名の計１０６名のけん玉プレーヤーが参加した。２０１５年の「第２回けん玉ワールドカップ」では世界14の国と地域から94名、日本からも１４４名の計

上:2019年に開催されたけん玉ワールドカップ

左:一般社団法人グローバルけん玉ネットワーク代表理事の窪田保さん

一般社団法人 グローバルけん玉ネットワーク (Global Kendamas Network)

2012年設立。人々の日常に「楽しい!」があふれた社会づくりを見据え、けん玉の国際的普及に取り組む。けん玉ワールドカップ開催などの活動を通して、けん玉コミュニティの世界的拡大とスポーツ化への取り組みを推進。世界中のけん玉プレーヤーやコミュニティと手を携え、日本のけん玉を世界に誇る体験型コンテンツとして発信し、世界規模のネットワークを構築。けん玉を楽しむ環境づくりに取り組み、けん玉検定の運営、指導員(けん玉先生)の研修及び資格を発行。

２３８名のけん玉プレーヤーが参加し、２日間の来場者数は１万人以上となっている。さまざまな地域、国から参加しているだけに、人と人とのつながりで地域同士がつながり、商店街は国際交流の場となった。

「けん玉ワールドカップの開始以降、その多様で派手なけん玉の技の数々からストリートけん玉、エクストリームけん玉等と呼ばれることもありますが、けん玉の本質は遊びだと思います。スポーツとしての競技大会の中にも、遊びにとって重要な各自の工夫や自由な表現の要素を多く残すことで、その進化が続くようなルール作りを意識しています。

けん玉は成功したときの喜びや感動を共有できることから、人と人のつながりも深くなり、そうした魅力がユーチューブやＳＮＳを通じて世界中に伝わり、その手軽さも相まって、世界的にブレイクした要因になっていると思います」とけん玉が世界に広がった理由を述べる。

ヨーロッパで流行った遊びが伝わり、けん玉が生まれた

日本でけん玉が生まれたのは江戸時代。16世紀にフランスで流行っていた「ビルボケ」という遊びが、当時、海外との交易が許されていた長崎に伝わり、しだいに各地に広がったと言わ

れている。当時のけん玉は現在とは異なる玉と皿（カップ）のような部分のみで、カップ&ボールといわれる形状のものだった。

日本で一般に広がったのは大正時代に、ほぼ現在のけん玉の形状となる「日月ボール」といわれるけん玉が登場してからだ。この新しい形状の「日月ボール」は広島県廿日市市で製造が始まったことから、廿日市市が「けん玉発祥の地」とされている。

しかし、一時はブームを迎えたけん玉製造は次第に減少し、一部の愛好者だけのものになってしまっていた。その理由として、当時は統一的な規格がなく、ほとんどが子どもの玩具や土産品程度の質で精密さに欠けていたからだ。当時の愛好者の中には、前出の日本けん玉協会理事・事務局長の堤早知子さんのご指摘の通り、自分の技を極め、勝負に勝つために自分で玉の穴を削ったり、けん先に鉛筆のキャップを取り付けたりと、さまざまな工夫をしていたようだ。しかし、厳しい規格の競技用けん玉の普及によって競技の信頼性が高まり、現在のけん玉文化の広がりにつながったのは間違いないようだ。

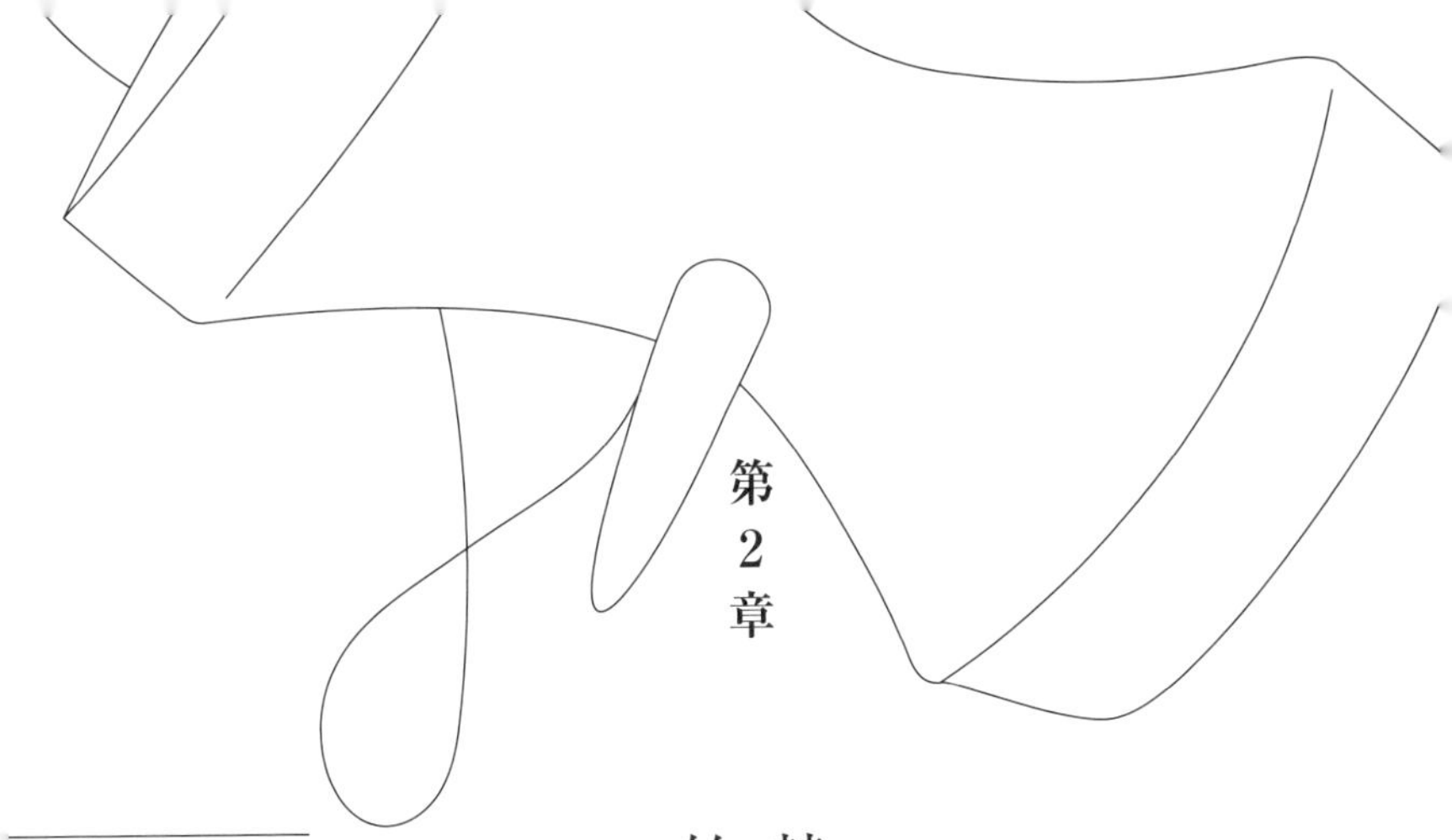

第2章

競技用けん玉製造が始まった

長井市で生産量日本一を誇る競技用けん玉製造が始まった経緯と取り組み

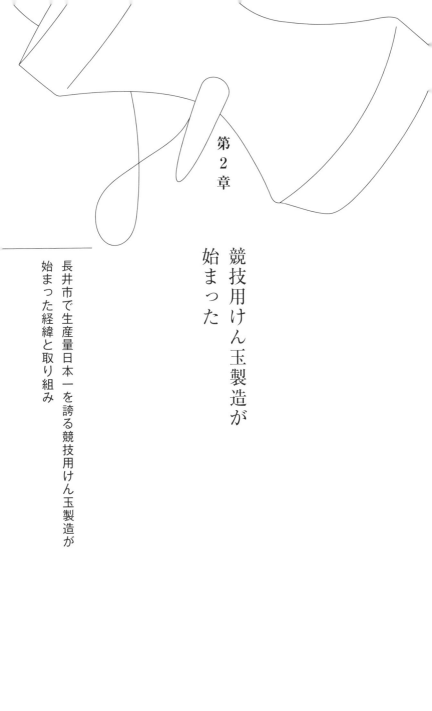

けん玉のふる里「水と緑と花のまち」長井市

西に飯豊連峰、朝日山地、東に出羽丘陵地帯の山々に囲まれた山合の盆地を赤やピンク、ブルーなどカラフルな模様に彩られた可愛い車両が走っている。山形鉄道フラワー長井線の車窓からは雄大な山並みと静かな田園風景が織りなす美しい自然が望め、沿線の町の、のどかな風景からそこに住む人々の暮らしが伝わってくる。

滔々と流れる最上川にかかる鉄橋を渡ると数分で真新しい駅舎・市庁舎脇の鄙びた雰囲気を残す長井駅のプラットホームに到着する。山形新幹線・赤湯駅で乗り換えて南陽市役所、宮内、おりはた、今泉、時庭などの駅を経て約30分の小旅行だ。

長井市は山形県の内陸部の南に位置する人口2万6千人の都市。周囲には南陽市、高畠町、飯豊町、川西町、白鷹町、米沢市などがある。

長井の「井」は水の集まるところと言われるように、飯豊山系を源とする置賜白川、そしてこの白川が長井市内で吾妻山系を源とする松川と合流して最上川となり、その下流で朝日山系を源とする置賜野川が流れ込む。この3つの河川が街を囲むように流れており、水に恵まれた自然豊かな地域で、古代から人々が住みやすく旧石器時代や縄文時代の遺跡も多く見られる。

長井市庁舎と駅舎

❶長井市庁舎(左)と駅舎(右)
❷市庁舎前
❸駅舎内から庁舎内を望む
❹長井駅
❺プラットホーム
❻駅舎内プラットホーム入口

気候は寒暖差が大きいが、春から夏にかけては市の自慢であるサクラ、ツツジ、アヤメが見頃となり、伊佐沢の久保ザクラ、草岡の大明神ザクラ、最上川堤防の千本桜などの桜の名所や白つつじ公園、あやめ公園などが多くの観光客を魅了する。また、市内を流れる小川には清流にしか育たない水生植物バイカモ（梅花藻）の群生が見られ、初夏から初秋にかけて白い楚々とした花を咲かせるなど、まさに「水と緑と花のまち」の形容通りの景観がある。

最上川舟運で栄え、産業・文化・自然環境保全に先進的だった

日本では、江戸時代まで基幹交通は舟運であった。最上川は置賜野川と合流して庄内平野を通って日本海へと注ぎ、古代から人や物を運ぶ輸送手段として利用されてきたが、難所も多く運航は困難だった。しかし、徐々に難所は開削され、１６９４（元禄７）年に黒滝（現在の白鷹町）の難所が開削されて小《こ》鵜《う》飼《かい》舟《ぶね》による大量輸送が可能になると、長井は最上川舟運の港町、米沢藩の玄関口となり、一大拠点として栄えた。上方をはじめ全国との交通往来が盛んになり、江戸時代から明治、大正の初期まで大いに賑わった。現在も続く製造業として長井紬が知られている。また、その影響は近年の長井市の産業や文化、人々の暮らしにも残されている。

１９１４（大正３）年に長井軽便鉄道（現在の山形鉄道フラワー長井線）が開通すると、舟運

から鉄道輸送の時代を迎え、1920（大正9）年には郡是製糸会社（現グンゼ株式会社）の長井工場が操業を開始し、製糸業や織物業などの産業が発展した。1942（昭和17）年には東芝長井工場が本格操業を開始したのをきっかけに電気機器関連産業が根付き、戦後は高度経済成長の中で工場が次々に建設され、先進的な電子工業が誘致されて製造業の技術が集積し、農業や商業活動も旺盛になって発展してきた。

また、市域の大半が山地でブナ、ナラ、イタヤカエデなどの広葉樹が森林を占めて豊かな生態系が維持されていることから、住民の自然や環境に対する意識は高く、1989（平成元）年に緑豊かな美しい郷土を永遠に残していきたいという願いから「不伐の森宣言」と「緑の地球宣言」を条例として採択した。1997（平成9）年には豊かな農地を消費者が支え、農家が市民の食と健康を支えて地域の自然環境を保全する「レインボープラン」がスタートしている。

今も市街に残る歴史的な街並みや伝統の文化は、当時の先進的な活動を行った人々によって築かれ、残されてきた。現代において、その先進性はこれらの地域の豊かな自然環境を守る先駆的な取り組みにつながり、長井市を中心とした地域の人々の暮らしを支えるフラワー長井線の存続を可能にした活動にもつながっている。長井市にはこうした先駆的な活動の芽を育む土壌がある。

「けん玉道」を通じて普及、けん玉文化が根付いている

今、長井市には全国のみならず世界から注目を集めていることがある。それはけん玉である。長井市は競技用けん玉生産日本一と同時にけん玉文化が育ち、市民のけん玉熱が最も高いところで、「けん玉のまち長井」として世界のけん玉愛好者によく知られている。

競技用けん玉とは、公益社団法人日本けん玉協会が定める厳格な規格に合致し、認定を受けたけん玉で、昇級・昇段認定試験（検定）や全国各地で行われる大会、国際的な大会に使用される。日本けん玉協会は童話作家の藤原一生さん（初代会長）によって設立された団体で、「けん玉道」を通じてけん玉の普及を進めている。長井市にも、１９９１（平成３）年に日本けん玉協会長井支部が開設された。

前述のように、それまでのけん玉は規格が統一されておらず、民芸品や遊戯用はサイズや重さ、材質などがまちまちだった。当時の競技でも多少の誤差は許されており、けん玉愛好者たちは技を極め、競技に勝つために自分でさまざまな工夫をしながら楽しんだそうだ。

そうした中で、より高度な技ができるけん玉づくりが始まり、日本けん玉協会は競技・スポーツとして広めるために、全国統一のルールと統一規格を作り、普及を目指して級位・段位の検定制度を定めた。このとき、初代会長・藤原一生さんが公認の競技用けん玉の製造を依頼

したのが当時、長井市で民芸品の木地玩具を製造していた山形博進社（現・山形工房）の鈴木与三郎さんだった。1975（昭和50）年に藤原一生さんから依頼を受け、2年間の試行錯誤や模索を経て競技用けん玉製造が本格的に始まったのは1977（昭和52）年3月のことだった。

長井市での競技用けん玉製造の軌跡

鈴木与三郎さん（以下、与三郎さん）は1935（昭和10）年に長井市寺泉で生まれた。与三郎さんの先祖は、江戸時代まで置賜地方を領地としてきた米沢藩・上杉家に仕える西山（葉山）の山守として苗字帯刀を許され、役職として務めてきたそうだ。与三郎さんはその16代目に当たる。山守とは、いわば山の管理人で、山林を見まわって土木・建築用材として使われる木（林産資源）の管理、森林の持つ水源の涵養、土砂崩れの防止、防風、飛砂防止など森林の保全に務めていた。

葉山は朝日連峰の端（はし）の山を意味し、長井市の西

鈴木与三郎さん

部に位置することから西山と呼ばれ、古くから地域の人々に親しまれてきた。

与三郎さんは、「野川にダムができるまで、代々山を守るために木を切って野川の水流を利用して下流域まで運ぶ流し木（木流し）を家業としてきた」と言う。

古代から長井市は市街地を貫流する置賜野川の扇状地に発展し歴史を積み重ねてきた。野川は朝日山地の平岩山南面を水源に、現在の木地山ダム、野川渓谷、長井ダムを経て市街を横断して最上川に注ぐ。上中流域は急峻な地形が多く、流れが急で一度大雨が降ると鉄砲水が扇状地に築かれた市街地を襲うなど、昔からたびたび大規模な洪水が発生し、下流域を生活基盤とする人々は大きな被害を受けてきた。

一方で、途中に堰を設け、沿岸の農地に引き込むなど農業用水としても利用されてきた。また、前述のように上流の山地から木材を切り出して水流を利用して下流域の木場まで運ぶための水路としても活用され、木場から町場をつなぐ水路を使って野川から運ばれた木材は薪などの燃料に使われた。

与三郎さんが初めて流し木を見たのは小学校6年生、12歳のときだった。そして、流れ出る広葉樹の美しさに感動した。

「なかでもイタヤカエデがひときわきれいに感じられた。木肌も木目も美しく、割った幹の白さが別格。この木で何か作りたいと思ったものだ」と当時を振り返る。この感動体験が後に西山の広葉樹を使った木工へとつながった。

　東北地方では、一般的に川の流れを利用して山から切り出した木材を流下させて運搬する方法を「木流し」というが、長井では「流し木」と呼んでいる。流し木の歴史は16世紀半ば過ぎから始まったとされており、長い間にわたって長井に暮らす人々の生活や林業などの産業を支える重要な仕事として営まれてきたが、治山・利水を目的として１９５４（昭和29）年に管野ダム、１９６１（昭和36）年に木地山ダムが完成すると歴史的な役割を終えて姿を消した。管野ダムは２０１１（平成23）年にその直下流に完成した長井ダムのダム湖「ながい百秋湖」に水没している。

木地玩具・民芸品づくりから競技用けん玉製造へ

　与三郎さんは29歳のときから約10年間、野川両岸の土地改良事業の測量に携わった。土地改良事業が終わったときには38歳だった。その頃は農協青年部の委員長をしていたので出稼ぎでない、農業と両立できることをしようと考えた。

　与三郎さんは考え抜いた末に、弟さんが東京で博進社という民芸品・玩具の卸をしている会社を経営していたことから、西山の広葉樹を使った木地玩具を作ってみようと思い立った。昔の人は山の木を伐り、薪にし、炭にするなどして山を守り生活してきた。その木で玩具を作ることは山を守ることにもなるし、少年の頃、美しさに感動したイタヤカエデもある。弟さんからも同意も得て、木工機械を導入して独楽（こま）やこけし、だるま落とし、ヨーヨーなどの製造に取り組んだ。ところが、ろくろを回して素材の木を削るにも、最初はその刃さえ合わせられない状況で苦労の連続だった。

思い余って、米沢や白石、遠刈田にある木地玩具の製造元に製造方法を教えてもらおうと足を運んだりした。しかし、笹野一刀彫のような特殊なものは別として、与三郎さんが作りたかった伝統工芸品の作り方は秘密だからと、どうしても教えてもらえず、戸口で門前払いを食らってしまったこともある。中には「7年間弟子につけば教えてやる」と言った製造元もあった。当時、家庭を持っていた与三郎さんには家族を残して長井を離れることは無理だったし、7年間も修行をする余裕もなかった。

「木工機械を購入して工芸品づくりに取りかかったが思うようにいかなかった。それまで木工の経験がなかったし、技術がないのだから当たり前だった」と振り返る。

それでも寸法を揃えて木を切り、削る、形を整える、磨くなど木工の各段階の機械の全てに工夫を凝らして精度を高めるなど、何度も試行錯誤を繰り返しながら独自の開発に心血を注いだ。

「救いは、山形の木の質が良かったことです。また、弟からもアドバイスをもらいました」と、苦労の中にもほのかな灯りを見出した。

全くゼロからのスタートだったが、2、3年してようやく与三郎さんが製作した伝統工芸品を東京の民芸品店やデパートで販売できるようになり、木地玩具製造の芽が出てきた。

ちょうどその頃、1975(昭和50)年頃に東京博進社の弟さんの元に、日本けん玉協会会長の藤原一生さんから、協会公認の競技用けん玉を作ってほしいという依頼があり、与三郎さんが請け負うことになった。

一分の誤差も許されない厳しい規格に試行錯誤が続く

日本けん玉協会は1975(昭和50)年5月に、けん玉の素晴らしさや遊び方を広く伝えていくことを目的として設立された。けん玉の基本理念を「けん玉道」とし、その奨励及び振興を図るために競技と文化両面での普及活動を行っており、競技・スポーツとして公平性を期すために統一の技・ルールと、けん玉の規格を定めた。

「それまでのけん玉は民芸品や玩具のレベルで明確な規格がなく、サイズが少々違っていても許容されていました。しかし、公認の競技用けん玉は一分の誤差も許されない。重さについては許容範囲があるが、長さ、円、玉、厚さ等の寸法には厳密な規格があり、それをクリアしなければなりません。非常に厳しい条件です」と与三郎さんは言う。

素材となる木の材質にも厳しい規格があり、玉はサクラ、本体はカエデかブナなどを厳選して使っている。「玉が弾まないブナ材は初心者向けと言えるが、イタヤカエデは弾むので初心者は難しい」と与三郎さん。素材となる木の材質にもそれぞれ特徴がある。

公認の競技用けん玉を製造するには、よほど精巧な木工機械と職人の技術が必要となる。与三郎さんには山形の木を使った民芸玩具・伝統工芸品づくりの経験と技術があったが、市販の木工機械では厳しい規格の日本けん玉協会公認の競技用けん玉づくりには精度が悪くてどうにもならず、木を削る刃をはじめ、何から何まで多くの部品を改良しないと使えなかった。何度も試作に挑戦して、その度ごとに部品を改良していった。

最初に購入した木工機械も200万円以上したが、改良に改良を重ねて製造を始める段階までに機械だけでも700万円はかかった。そのために借金をした。なかなか思い通りに行かないことが多く、苦労の連続だった。

「慣れない設計書を書いて町の鉄工所に注文し、さらにそこも、あそこも直してくれるように何度も頼みました。伝統的な工芸品や木地玩具の製造方法を誰も教えてくれなかったので、仕方なく全部自分で考え、工夫するしかなく、独自の機械を考案してやるより他に手立てがなかったのです。製造・塗装・仕上げの機械を自分で考えて鉄工所に作らせました。大変な苦労でしたが、その結果が良い製品作りにつながりました」と与三郎さんは述懐する。

藤原一生さんから依頼を受けて2年後の1977(昭和52)年に日本けん玉協会公認の競技用けん玉が誕生した。この間、藤原一生さんをはじめ、協会の方々にいくつもの試作品をチェックしていただき、温かい励ましとアドバイスをいただいた。全国を回っている協会の方が「このような機械は他所にない」と感動の面持ちで語ってくれたそうだ。

与三郎さんの手によって誕生した競技用けん玉は、日本けん玉協会公認の競技用けん玉の7割を占め、生産量日本一を誇っている。日本のけん玉文化は、今や世界へと広がっている。与三郎さんは「国内はもとより、海外の愛好者に喜んでいただけるよう、一個一個に真心を込めて作っています」と言う。

与三郎さんが創業した山形博進社は、2005(平成17)年に山形工房に社名を変更し、現在は与三郎さんのお孫さんの鈴木良一さんが会長、梅津雄治さんが社長とそれぞれ製造面と営業面を担っている。

梅津社長もまた、「最初はゼロからのスタートでしたので、普及と製造を両輪に進めてきました。競技用けん玉生産日本一に認定された頃から、ようやく少しずつ実を結んできました。日本けん玉協会主催で全国大会が開かれるようになって全国的に普及し、海外にも輸出されるようになりました」と語る。

けん玉の健康・保健効果を科学的に解明・情報発信

けん玉は健康、アンチエイジング、ダイエットに有効で、体幹を鍛えて体のバランスや姿勢をよくするので学校での体育、高齢者の運動に良いなどの利点がある。山形工房では山形県立米沢栄養大学健康栄養学科の加藤守匡《もりまさ》教授に科学的解明を依頼して情報発信している。例えば、けん玉の技の運動強度を測ると、どの程度の有酸素運動に匹敵し、カロリーを消費するかなどだ。

「けん玉が遊びからスポーツとして健康・保健に役立てば、もっともっと受け入れられると思います。そのためのけん玉づくりも行っています」と梅津社長はけん玉の健康効果に期待する。

加藤教授は、運動による集中力や認知機能の向上についての研究も行っており、「子どもたちが集中力をつけられれば、もっと自信を持てるようになると思います。けん玉はやればやるほど上達して、次の技に挑戦するというふうにステップアップし、自分が頑張ってできるようになったということを常に感じ続けられます。また、コミュニケーションも広がります。

そこはけん玉の大きな魅力だと思います」と力を込める。

「市技」認定を機に、毎年小学校1年生全員にけん玉を寄贈

2020（令和2）年にけん玉が長井市の「市技」に定められ、けん玉への市民の関心はさらに高まった。今では各地のミニデイサービスから、高齢者向けのけん玉教室をしてほしいという声が掛かっている。

「市技になったことで市民の意識が変わったなと思います。また、けん玉クッキーを開発・販売されたお菓子屋さんもあります。市でも力を入れていただいて私たちも非常に嬉しく思っています」と梅津社長。

山形工房では、けん玉が長井市の「市技」になったときから市内の小学校1年生全員にけん玉を寄贈している。彼らが大人になって「ああ、子どもの頃にけん玉をやったな」「長井市ではけん玉が市技だったな」という思い出はずっと残るだろうし、成長して世界で活躍するときもお土産にけん玉を持って行ったり、コミュニケーションのツールとして利用されたりすればより広がるだろう。

「けん玉は勉強の優劣とか運動の優劣とは違うところで上手になっていきますので、一つの

特技としてまたやりたい、盛り上げたいという人が出てくるとうれしいですね」と梅津社長の顔がほころぶ。

２０１２年頃からけん玉が世界的なブームになって、２０１３年、２０１４年頃には多くのメディアが取り上げたことも大きかった。長井市では２０１４（平成26）年に「長井けん玉のふる里プロジェクト事業」を発足させ、まちづくりに活かす取り組みが始まった。

今、日本以外で最も流行しているのは中国とアメリカだと言う。山形工房で海外向け出荷数がとりわけ多いのは中国となっており、中国人のポテンシャルはすごいと言われているようだ。

荒れたクラスがけん玉で明るくなった

「私にも子どもがいますので、やはり子どもがインターネットでゲームに熱中すると体を動かすことをしなくなり、長井市の教育委員会でもアウトメディア（テレビ、ゲーム機、スマホ、パソコンなどの電子メディアを使う時間をコントロールすること）に力を入れていますが、けん玉をそこに役立ててほしいという気持ちが強くあります」と梅津社長。ゲームをやっても、けん玉によって集中力や体力をつけ、地域のことを知ったり、勉強に取り組んだりしてほしいという願いがある。

「けん玉はコミュニケーションツールにもってこいですので、上手になったら〝この技ができるようになった〟などと盛り上がり、友だちと高め合っていくことができると思います。西日本のある小学校では全校児童でやっています。〝小学校の荒れていたクラスで、みんなが集中してけん玉をやるようになったんですね。そして、クラスのボスみたいな子が学年で一番上手になって褒められるようになり、荒んでいた学校がどんどん明るくなっていった〟と先生から話がありました。児童の情操教育にも役立っているのですね」と、けん玉が子どもたちの情操教育に大きな役割を果たした事例を話してくれた。

民間と行政が一体となって市民の間にけん玉を広げ、文化を創造することで市民の間に地域への誇りが生まれ、それによって市民間のつながりや絆が深まり、新たな先進的活動、社会貢献活動の芽が育まれ、誰もが暮らしやすいまちづくりを可能にする。長井市のけん玉文化はそのツールとなる大きな可能性を秘めている。

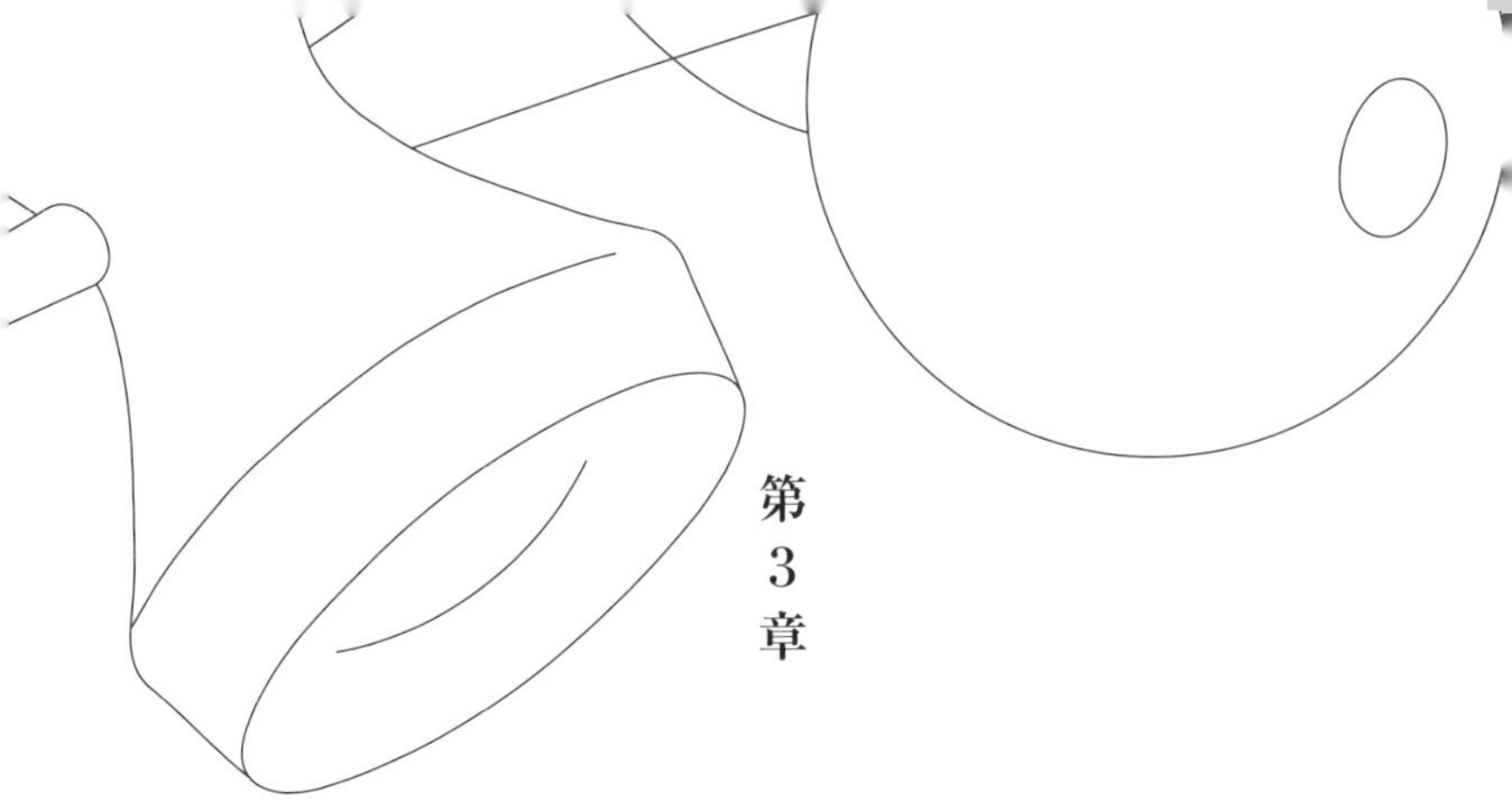

第3章

市民と行政の連携による
けん玉文化の創造とまちづくり

「長井けん玉のふる里プロジェクト事業」と、それを推進した市民の活動

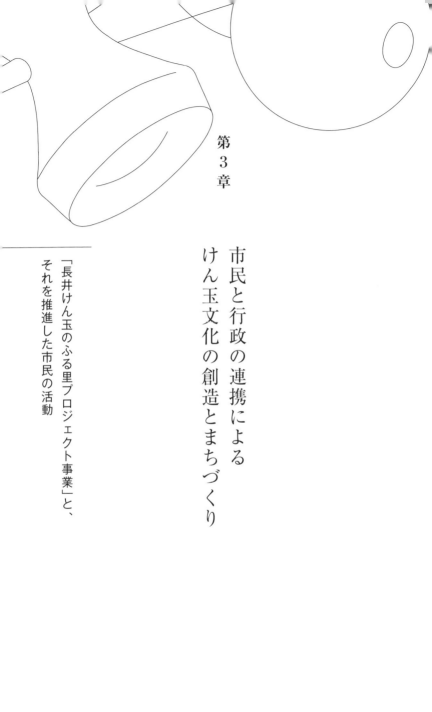

「長井けん玉のふる里プロジェクト事業」がスタート

長井市には古代縄文時代から人が住み、中世、近代には最上川の舟運によって各地との人、物の交流が盛んになり、文化、産業を育み全国に誇れるさまざまなものを生み出してきた。その伝統は現在も脈々と受け継がれ、市民の素晴らしい活力によって全国に誇れ、自慢できるものが数多くあり、その中には日本一のものもある。そこで、１９８９（平成元）年に長井市における日本一のものを奨励し、栄誉を讃《たた》えることにより、市民の意識の高揚を図るとともに全国に誇れる活力あるまちづくりを推進することを目的に長井市日本一奨励に関する規則を制定した。この規則に基づき、１９９０（平成２）年12月に「競技用けん玉生産日本一」が認定された。翌年には日本けん玉協会長井支部が結成され、長井市における、さらなるけん玉の普及とけん玉によるまちづくりが進められることになった。

１９９２（平成４）年には、「べにばな国体」といわれる山形国体（第47回国民体育大会）の卓球競技少年の部が長井市で開催され、開会式に当時の小学校6年生によるけん玉集団演技のデモンストレーションが行われた。これにより多くの市民がけん玉に触れる機会となって親しまれるとともに、「けん玉のまち長井」を広く内外に印象づけることができた。

しかしながら、国体終了後に小学生たちが中学校、高校へと進むにつれてけん玉から離れるようになり、10年、20年が経過するにしたがって当時のブームもしだいに下火になり、けん玉に取り組む小学校もわずかになった。

一方、長井市ではけん玉が下火になったが、アメリカ、中国、ヨーロッパを中心に世界では日本発祥のけん玉が「ＫＥＮＤＡＭＡ」として大ブレイクし、多くの国でブームを呼び起こした。それに刺激を受けて日本でも再び関心が高まってきた。こうして世界的にけん玉が注目される中、長井市民のけん玉熱にも火がついた。「けん玉のまち長井」には、小学生の頃にけん玉に親しんだ人たちが大勢いて、少なくなったとは言え、けん玉に取り組む小学校がある。さらに、けん玉教室、けん玉塾も開かれており指導者もいる。多くの市民の心の中には、けん玉文化が脈々と流れていた。市民の間に「けん玉で何かをやろう」という機運が高まる中、けん玉の普及とけん玉で地域に活力を取り戻すことを目的に、長井市では２０１４（平成26）年、日本けん玉協会長井支部や関係団体、けん玉教室を行ってきた小学校の先生・指導者などの協力を得て「長井けん玉のふる里プロジェクト事業」をスタートさせ、実行委員会を立ち上げた。実行委員会では、「市内には、べにばな国体の開会式でけん玉のデモンストレーション演技を行った人たちがいる。彼らに実行委員会に加わってもらったらどうか」という提案があり、提案者の日本けん玉協会長井支部長・齋藤直樹さんが、各小学校に連絡。デモンストレーション演技を行った当時の小学校６年生の所在を確認して連絡を取り、各小学校ごとにひとりずつ、6名のメンバーの承諾を得た。「まさに伝説（レジェンド）に光を当てることになった」と齋藤さんは当時を振り返る。

　こうして招集された、当時小学校6年生だったメンバーは「べにばなレジェンド」として実行委員会に加わり、けん玉教室での指導、けん玉イベントや大会の企画・運営など、さまざまな活動をともに進めてきた。しかし、こうした活動で、けん玉がつなぐプロジェクトの輪は市民の間に順調に広がってきたことから、もともと同級生で固定されたメンバーだけでは負担も大きくなった。イベント時には多くの人のサポートも必要となった。市内のけん玉人口は子どもから大人、シニアまで幅広く、市外、県外からのイベント参加者も増えた。サポートメンバーには市外の人もいることから、さまざまな年代の人とつながり、一緒に活動しようということで、べにばなレジェンドを発展的に解消して、より多くの人がプロジェクトメンバーとして、ともに活動を進めるスパイクファミリーを結成した。現在では、スパイクファミリーがプロジェクトの中心的な役割を果たしている。

けん玉のふる里プロジェクト事業の背景

かつては商工業が盛んで製造工場や先進的な電子工業などにより、産業の発展をみた長井市も、昨今の人口減少と産業体系の変容から地域経済が疲弊して、現状を維持することが最大の課題となっている。地域内の消費力を上げるには、観光客などの交流人口を増やし、活力を取り戻すことが必要との判断があった。そこで長井市は２０１２（平成24）年度に観光振興計画を策定して、観光まちづくりプラットフォームの構築を方針の一つとして掲げた。その後、２０１５（平成27）年度に「やまがた長井観光局」が発足。滞在交流型の観光を構築すべく具体的に動き始め、年間を通して長井市に訪れる人を増やすために取り組んできた。２０１８（平成30）年度より、やまがた長井観光局を「一般社団法人やまがたアルカディア観光局」に発展させ、より広い地域に活動範囲を広げて域内観光に取り組んでいる。

こうした背景の中、誕生した「長井けん玉のふる里プロジェクト事業」は、長井市の強みであるけん玉を活用した長井市のまちづくりプロジェクトであると同時に観光客誘引プロジェクトでもある。

プロジェクトの事業展開

長井けん玉のふる里プロジェクト事業では、けん玉を活用して長井市のまちづくりを推進するため、実行委員会を設置して全体の運営を行っている。この実行委員会の主要メンバーが前出のスパイクファミリーである。また、このプロジェクトの主な狙いが、長井市を訪れる観光交流人口を増やすことにあり、その目的のために（1）観光誘客の受け皿と仕組みづくりを整備すること、（2）けん玉に親しめる環境を増やすこと、（3）けん玉人口を増やすこと、を目指して次の3事業が行なわれている。

①中心市街地での「けん玉ひろばスパイク（SPIKe）」の設置

けん玉ひろばスパイク

空き店舗を利用し、けん玉を紹介するコーナーを設け、けん玉を知り、体験できる場所を設置する。加えて、駅前の立地条件から観光客の対応も行い、道案内や長井の紹介業務を行う。施設の運営は、けん玉によるまちづくりに取り組む地域おこし協力隊を中心に、日本けん玉協会長井支部、スパイクファミリーが連携して携わることで、地域の憩いの場としての活用を行う。また、若い世代の自由で柔軟な発想により、この場所を活用して、駅前通りに活力を導き出すことも期待される。ゆくゆくは、ここを拠点としたけん玉を活用した民間起業も視野に入れる。

②まち歩き観光でのペイント体験

まち歩き企画の中にイベント体験ができる仕組みを構築し、まち歩き観光の内容充実を図る。また、商店街との連携による仕組みづくりや土産物の取り組みも期待する。例えば、まち歩きでスパイクを訪れてけん玉ペインティングを体験できるし、道の駅「川のみなと長井」では、けん玉へのデコレーション体験ができる。無地のけん玉に色づけしたり、布、テープ、ラメ、毛糸、シールなどを巻いたり、花やビーズなどの可愛い雑貨をつけてオリジナルのけん玉アートを楽しむことができ、「けん玉のまち長井」のお土産になると大好評だ。

けん玉ひろばスパイクに展示されているペインティング作品

③地域おこし協力隊・スパイクファミリー活動

自由な発想で楽しみながらけん玉を広め、長井市及び観光を盛り上げる。そのため、多くの市民がけん玉に親しむ環境づくりに取り組み、けん玉人口の増加を図る(イベントごとのけん玉広場活動、メディア出演、広報など)。また、「長井市に来たらけん玉と触れ合える」というまちを実現するため、NPOや商店街などと協力して企画を開発する。さらに、市外、県外、海外におけるイベントにおいて、けん玉パフォーマンスによる「けん玉のふる里・長井」のPR活動を行う。

これまで、プロジェクトでは次のように活動を展開してきた。

●けん玉ひろばスパイクの運営

2015(平成27)年、長井駅(現長井市庁舎)からほど近い駅前商店街の一画に空き店舗を借り受け、「けん玉ひろばスパイク」が開設された。当初は、べにばなレジェンドを発展的に解消して結成されたスパイクファミリーのメンバーが管理・運営していたが、2016年に、第1回けん玉ワールドカップ3位と日本人最高位に輝いた秋元悟さんが地域おこし協力隊員として採用されて管理人に着任し、運営に携わることになった。以後、松本健さん、シェルビー・ブラウンさんがその任に就いており、来場者へのけん玉情報の紹介、基本や技の指導、級や段位検定、幼稚園・保育園、小中学校や市民の集まり、イベントなど

地域おこし協力隊

で行われるけん玉教室での指導、けん玉情報の発信、域内観光情報の紹介など多岐にわたる活動を行っている。

けん玉ひろばスパイク管理人
秋元悟　初代管理人（2016年〜）

東京都出身。小学校5年のときに同級生の影響で初めてけん玉に触れ、空白期間をはさんで大学2年生のときに再開した。2008年、2009年に日本けん玉協会主催の全日本けん玉パフォーマンス大会を連覇してグランプリを獲得。2014年に開催されたけん玉ワールドカップでは当時、日本人最高位の3位になる。2016年5月から地域おこし協力隊員として長井市に移住し、けん玉の普及活動等に尽力している。けん玉教室・ワークショップやパフォーマンスをおよそ1000回実施したほか、台湾、シンガポール、インドネシアなど海外でも活動経験がある国際派。

現在、日本けん玉協会一級指導員、けん玉道六段で、けん玉ひろばスパイクでの級・段位検定も行っている。

秋元悟さん

２０１９年６月に秋元けん玉研究所を創設し、けん玉の開発・監修や技の攻略法の研究なども行っている。山形工房と共同開発した５連けん玉、10連けん玉はパフォーマンスでも評判となり、国内外で大きな人気を博している。秋元モデルのけん玉はトッププレーヤーが憧れるほどの高評価を受けており、けん玉愛好者の垂涎《すいぜん》の的である。全国大会・世界大会などにおけるジャッジの役割も担っており、けん玉道の技から独創的なアクロバティックな技まで高度な技術に裏打ちされた日本の第一人者。基本技から高難度技まで多くの技の解説・指導を得意とする。オンラインレッスンは大好評である。

松本健　二代目管理人（２０１８～２０２１年）

宮城県仙台市出身。少年時代に少し触れた程度のけん玉と26歳のときに再び出会い、その無限の可能性に魅了され、のめり込む。東日本大震災後、宮城県でボランティア活動を続け、２０１８年８月に地域おこし協力隊員として長井市に移住し、けん玉ひろばスパイクの管理人に就任。大きな体だが、性格は穏やかで常に笑顔を絶やさず、けん玉を通じて長井市を盛り上げようと

松本健さん

いう熱い思いを持っている。何時、誰のリクエストでも対応できるよう、常にけん玉を持ち歩く、けん玉大好き青年である。

シェルビー・ブラウン　三代目管理人（２０２１年〜）

アメリカ・アーカンソー州出身。東京で一年間日本語を学び、アーカンソー州の大学を卒業後、再び来日して福島県石川町で保育園から中学生までの子どもたちにＡＬＴ（外国語指導助手）として英語を教えるため４年間勤務した。そこで「けん玉」と出会い、その魅力にはまった。２０２１年のけん玉ワールドカップでけん玉ひろばスパイクの管理人募集を知り応募。２０２１年10月から長井市地域おこし協力隊員として３代目管理人を務めている。奥様は、来日して一年間程経ってから一度帰国し、結婚して連れてきたそうだ。「彼女は今のところ日本語が上手じゃないので、その点が大変ではあるが、日本が好きだから大丈夫」と言う。けん玉ひろばスパイクをワールドワイドにしたいと意気込む。

シェルビー・ブラウンさん

●けん玉のギネス記録を達成

２０１６（平成28）年、多くの市民が参加してギネス記録に挑戦した。「連続してけん玉をキャッチした人の最長の列」（大皿ドミノ）で114人が連続して成功し、ギネス世界記録として認定された。

大皿とは真っ直ぐに垂らした玉をそのまま引き上げて大皿の上にのせる技。大皿ドミノはリレー形式で参加者が順番に大皿を決めていくもので、ギネス記録認定には、①ひとり5秒以内で行う、②失敗した場合は最初の人に戻る（記録のチャレンジは3回まで許される）、③100人以上のリレーが成功して初めて記録が認定されるという、厳しいルールがある。

ギネス世界一記録挑戦ということで市民の意識は盛り上がり、参加者は日々練習を重ねたが、記録達成は一筋縄ではいかなかった。最初の挑戦は2015（平成27）年6月のあやめまつりのオープニングイベントとして行われたが、結果は57人の成功で記録認定には至らず、挑戦は失敗。2回目の挑戦は同年9月のシルバーウィークのイベントとして行われた。満を持しての挑戦だったが、結果は74人でまたしても記録認定基準の100人に届かなかった。

大皿は初心者でも容易に習得できる基礎的な技とはいえ、大勢が見つめる中ではプレッシャーがとても大きく、その緊張感で普段は容易にできる技がなかなかうまくできないこともある。ただ、失敗した人に対して、「ドンマイ、ドンマイ」と声をかけ、励まし合いながらチャレンジする姿に、市民として、けん玉愛好者としての思いやりや絆の深さが感じられた。また、失敗してもあきらめずにチャレンジする精神に多くの賞賛の声が上がっていた。

スパイクファミリーは3回目の挑戦を目指して、市内小学校で子どもたちとともに練習会を行うなど記録再々挑戦への準備を進めた。そして2016年2月14日、長井市置賜生涯学習プラザに小学生からシニアまで、参加者160人が集まり3回目の挑戦が始まった。それぞれがけん玉を手にして横一列に並び、大皿ドミノがスタートすると次々と技(大皿)を決め、一気に100人を突破し、100人以上が連続成功という認定基準を超えた。この日の3度のチャレンジの結果は114人、142人、105人で、3回とも認定基準をクリア。参加者の中には、記録達成の瞬間に歓喜の涙を浮かべ、声を震わせて喜びを語る人が多かった。それほど記録達成への思いは強かった。市民が団結して成し遂げた偉業として、長く人々の記憶に残るだろう。

この映像を、ギネス記録を管理するギネスワールドレコーズで審査した結果、114人がギネス世界記録に認定された。記録認定の報を聞き、顔をくしゃくしゃにして「いやあ、うれしいですね!」と喜んだスパイクファミリーの面々の表情には誇らしさと、ほっとした安堵感が浮かんでいた。なお、最高の142人の達成結果については、市独自の認定証が授与された。

ギネス世界記録達成には、スパイクファミリーや市民のサポーターなど多くの人たちが準備や当日の運営に力を尽くした。現在では、NHKの紅白歌合戦で演歌歌手の三山ひろしさんが歌唱中に挑戦した記録に塗り替えられているが、初代記録を長井市民が樹立した。大皿という技を並んだ人がリレー形式で次々につないでいくため、参加者一人ひとりに大きなプレッシャーがかかり、緊張した人も多かったことだろう。しかし、3回とも100人を超えたのは見事だった。ギネス世界一認定を機に、長井市ではまた、けん玉が盛り上がりを見せた。

●けん玉チャレンジの実施

2017（平成29）年からスタート。長井市内の宿泊施設、飲食店、カフェ、ラーメン店、菓子店、理容店などを利用した際、店舗が指定するけん玉の技を成功させると独自のお得なサービスが受けられる。市内の50を超える店舗が協力している。

チャレンジするには、①けん玉ひろばスパイク、道の駅「川のみなと長井」、フラワー長井線長井駅、チャレンジ参加店舗のいずれかで配布しているチャレンジマップを手に入れる。②マップに掲載されている店舗一覧から行きたい店舗をチェックする。③店舗ごとに、「とめけん」「ろうそく」「世界一周」などの技が設定されている。④店舗が設定した技にチャレンジして成功すると店舗独自のお得なサービスを受けられる。

例えば、老舗ラーメン店の新来軒ではラーメンを注文する際、「とめけん」を2回中1回成功させるとチャーシュー1枚、「飛行機」を2回中1回成功させるとチャーシュー2枚のサービスが受けられる。

チャレンジのルールは、「店舗の利用、または参加条件を満たした上で行う」「チャレンジは各店舗一人1日1回」。

けん玉チャレンジの始まりは、長井けん玉のふる里プロジェクトの中心を担うべにばなレジェンド（現スパイクファミリー）からのけん玉114本（初代ギネス記録達成114名に因む）の寄贈が発端。まちの中でけん玉への関心を高めるため、商店街を巻き込むことを目標に、メンバーが手分けして商店街の店舗を一軒一軒訪問してけん玉を寄贈。その後も何度も訪ねてチャレンジに参加してくれるよう粘り強く交渉して協力を依頼した。「けん玉を広めるため」と自腹で飲食店に行き、けん玉の実演をしたり、「けん玉を使ってお店のPRとサービスをしてください」と頼み込むなどの涙ぐましい普及活動を行った。こうした苦労が実を結び、2021年末現在、56店舗がけん玉チャレンジを実施している。

【けん玉チャレンジ実施店舗事例】

■創業90年超の歴史を誇る支那そば・馬肉ラーメンの老舗店

新来軒

店主の浅野桂介さん

「とめけん」2回中1発成功でチャーシュー1枚サービス
「飛行機」2回中1発成功でチャーシュー2枚サービス
マップの紹介文：「支那そば一品から始まった馬肉ラーメンの老舗。地域に息づく馬肉文化にこだわり、ここでしか食べられない味を提供しています。」

1930（昭和5）年創業。名物は昔ながらの支那そばと馬肉ラーメン。馬肉ラーメンに乗っている馬肉チャーシューは馬のモモやスネ肉を使い、水煮して柔らかくしてから醤油に浸け、焼き上げるので普通のチャーシューに比べて3倍は時間がかかるそうだ。それだけに味わいがあり、栄養価も高い逸品。

最近は人口減少や景気停滞で飲食店が減り、馬肉価格も上がって厳しい状態だが、馬肉ラーメンは地域に根ざした食文化なのでずっと出し続けるそうだ。「チャレンジはお客さんも楽しんでくれるから大歓迎。商店街を盛り上げる活動としてできる限りの協力をする」とのこと。

■ふんわりと厚みのあるアジフライなど、どれも抜群の美味しさ

ご主人の青木一夫さんと奥様の和恵さん

いちわ食堂

「とめけん」一発成功でアジフライ1枚サービス

マップの紹介文：「長井で定食を食べるならココ。男性、女性、子ども、お年寄りも、みんな満足しますよ。店主と奥さんがとっても優しくて、いい感じ。チャレンジのアジフライは限定10食。」

2016年7月に、市内本町の一画に立つビルの一階にオープン。店名「いちわ」の由来はご夫婦の名前を一文字ずつ取ったもの。ご主人は神奈川出身で、実家のお店で料理人をしていたが、結婚を機に奥様の出身地長井市にお店を開くことにしたそうだ。「スタミナバッチリ」と言うように、唐揚げ定食、レバー焼き定食、アジフライ定食、レバニラ定食など、メニューはどれもボリュームたっぷりで、食事時となるとドッと押し寄せる常連のお客さんは大満足だ。人気のアジフライ、レバー焼き、唐揚げ、ミックスフライなどはお皿からはみ出るほどの量で、どれも抜群の美味しさ。市外、県外から足を運

ぶ人も多い。
チャレンジもカップルや子ども連れの家族などに大盛況で、まわりも初めての人が勇気を出してチャレンンジする姿を応援し、子どもたちが失敗しても温かい目で見ている。最近は、マイけん玉バッグを提《さ》げてくる子もいるなど、けん玉のデザインやグッズもおしゃれになったそうだ。「チャレンジで人と人とのつながりが深まり、お店にも良いことだと思います」と語っている。

■山形県初のベーグル専門店、モチモチした食感で大人気

ベーグルＰＯＣＯ（ポコ）
「ふりけん」「灯台」の連続成功でお好きなベーグルを1個プレゼント。
マップの紹介文：「毎日焼き立てが味わえる人気のベーグル専門店！　他のベーグルと違い、柔らかくモチモチとした食感のベーグルは年齢を問わず大人気の逸品！　売り切れる前に一度ご賞味ください！」

２０１６年12月にオープン。置賜生涯学習プラザの道向かいにある可愛いお店で、山形県で初めてのベーグル専門店。オープン当初からいつもお客さんで賑わっている。ご主人は東京や埼玉で料理を、奥様はパン作りをしていたが、当時はあまりなかった専門

店主の新野清彦さん

店のふんわりしたベーグルを食べて感動し、都会でベーグルが流行り出したこともあり、長井に帰ってご夫婦で開業した。

本来、ベーグルは硬いパンだがふんわりと柔らかくモチモチした食感は子どもたちのおやつとして噛み応えがあって咀嚼の練習にもなり、逆にお年寄りなど高齢者には硬すぎずに食べやすいと喜ばれている。ベーグルは普通のパンと違い、醗酵から焼く間に茹でる工程があるので時間がかかるが、一つ一つ手で丸め、きちんと茹でて毎日焼きたてを提供している。平日は約200個、土日では300個を作っているそうだ。

奥様の上の世代がべにばなレジェンドの人たちで、奥様も小学生の頃はけん玉をしていたそうだ。「お店に来て、ぜひチャレンジを楽しんでください」と、とても協力的だ。

●「ケン玉ノ日in長井」けん玉チャレンジラリーの実施

2018(平成30)年5月12日~13日、2019(平成31)年7月28日。

けん玉チャレンジラリーは、けん玉の楽しさを広める目的で活動しているグローバルけん玉ネットワークと共催したけん玉イベント。長井市とグローバルけん玉ネットワークとの最初の関わりは、2018年(平成30)年1月21日、22日にけん玉ひろばスパイクで行われた「SPIKe×GLOKENけん玉祭 in 長井」イベント。長井市内はもとより市外からも多数の人が参加し、けん玉JAM(けん玉体験、けん玉教室)、けん玉トーク(参加者の話し合い)、ミニゲームの3部構成で、参加者皆が楽しめるイベントとなった。スパイクファミリーとグローバルけん玉ネットワークのスタッフとが一緒になって会場作り、イベント運営を行い、より深い連帯感が生まれた。

2018年の第1回けん玉チャレンジラリーは、けん玉の日(5月14日。一般社団法人記念日協会認定)に因んで開催。けん玉チャレンジマップを活用したけん玉チャレンジラリーを実施した。100人を超える参加があり、そのうち半数は県外からの参加者だった。2019年の第2回にはけん玉ワールドカップに出場した外国人プレーヤーも参加した。

マップに記載されているチャレンジラリーに参加する飲食店、商店、宿泊施設等を利用(購入)し、各店舗で設定されたけん玉の技(トリック)にチャレンジして成功すると各種特典(割引やサービス)を受けることができることに加えて、技に失敗しても各店舗を利用すれば設定されたポイントを獲得できるので、初心者や未経験者でも気軽に参加できるお得なイベント。チャレンジをしなくても店舗を利用すればポイントを獲得できる。

獲得したポイントに応じて、上位10名が表彰され、副賞として長井市の名産品が贈られた。さらに上位100名に山形工房特製の「オリジナル記念けん玉」がプレゼントされるなど、とても豪華でわくわくするイベントとなった。（新型コロナウイルス感染拡大の影響で2020年〜2022年は開催されなかった。次回開催が楽しみだ！）

また、2019年7月27日には、「けん玉チャレンジプロジェクト」が実施された。競技用けん玉を製造している山形工房とグローバルけん玉ネットワークのコラボレーションで、世界中のけん玉ファンにけん玉の技をSNSに投稿してもらい、投稿数100件につき1本の木を植えるという案内をしたところ4千800件近い投稿があり、外国人のけん玉愛好者6人を含む約30名の参加者が、けん玉の素材となる広葉樹の苗48本を植樹した。真夏の暑い時期、ショベルカーで掘った穴に土を入れて肥料を混ぜ、水を含ませて苗木を立て、また土をかぶせて足で踏み固めて添え木を立てるなど大変な作業だったが、一本一本丹精込めて植えた。この木が成長してけん玉を作るまでには、およそ30年を要すると言われるが、自然を大切に、未来に木を残すプロジェクトとして地域への大きな貢献となった。

❸ 金栄堂	長井市栄町4-3
❿ まるいち鈴木薬局	長井市本町1丁目7-7
㉕ 特選呉服いちまた	長井市あら町7-32
⓰ 梅村呉服店	長井市本町1丁目3-18
⓯ かがや	長井市本町1丁目4-34
⓬ 双葉電機商会フタバ長井店	長井市東町1-15
㉓ すぽーつ品ミヤカワ	長井市あら町3-17
㉗ 鈴木酒造店 長井蔵	長井市四ツ谷1丁目2-21
㉟ 長沼合名会社	長井市十日町1丁目1-39
㊹ 道の駅 川のみなと長井	長井市東町2-50
54 山形工房	長井市寺泉6493-2
㊿ 肉匠えんどう	長井市小出3747-6
57 山形トヨタ自動車㈱長井店	長井市横町10-22

スナック

⓭ パラディース	長井市本町1丁目2-25 COM'S21 1F
⓱ DOREMI	長井市本町2丁目3-6
㉝ 夜汽車	長井市高野町2丁目7-6

その他

㉖ ワタナベ理容室	長井市四ツ谷1丁目5-1
㉛ ごとう理容室	長井市幸町5-2
52 ヘアー&エステ オアシス	長井市時庭253-7
❽ コンノ美容室	長井市栄町4-19
㉑ パルファングループ アプレ長井店	長井市あら町3-15
㊺ マツキドライビングスクール長井校	長井市緑町7-45
56 農家民宿はたや	長井市勧進代1703
㉜ とらや旅館	長井市大町3-13
㊲ タスパークホテル	長井市館町北6-27
㊼ 卯の花温泉 はぎ乃湯	長井市成田2170-2
㊻ はぎ苑	長井市成田2170-2
51 ビジネスホテルシンシア	長井市台町3761-1
㊶ あやめ温泉 ニュー桜湯	長井市寺泉4246-13
❶ けん玉ひろばSPIKe	長井市栄町3-5
㉞ 文教の杜ながい	長井市十日町1丁目11-7
❹ 旧長井小学校第一校舎	長井市ままの上5-3

長井市 けん玉チャレンジ参加店（2022年12月時点）

けん玉チャレンジとは？

マップに掲載されている各店舗で設定されたけん玉の技に成功すると、独自のサービスを受けられるとってもお得で楽しいチャレンジです。

飲食

㉙ Cafe Only One	長井市高野町1丁目2-11
㉔ ウォームストーン	長井市あら町6-49
❺ すしてつ	長井市高野町2丁目9-38
⓫ 駒屋	長井市本町1-4-37
㉚ So-Bar 水杜里	長井市中道1丁目3-24
㊴ お食事の店 来夢	長井市館町北9-23
㊵ りんご苑 長井店	長井市館町南3999-1
⓳ そば処 丸万	長井市本町2丁目8-6
❷ 山ノ下	長井市栄町1-6
❻ 春まちカフェ	長井市栄町4-17
⓲ いちわ食堂	長井市本町2丁目4-40
⓴ 新来軒	長井市あら町4-1
㊺ 縄文そばの館	長井市草岡2768-1

居酒屋

❼ 中央会館 喰楽酒喜（くらさき）	長井市栄町7-2
㉘ 居酒屋わらじ	長井市中道2丁目2-34

菓子店

㊸ ベーグル poco	長井市九野本1201-1
㊽ 黒獅子ブランド	長井市成田2170の2
㊱ ブランドォレ	長井市十日町2丁目18-18
㉒ 杵屋 長井店	長井市あら町4-55
㊷ 和洋菓子 松屋	長井市台町4-18
❾ 木村屋本店	長井市栄町7-40
㊳ 萬寿屋本舗	長井市館町北7-7
㊾ 白山堂芳賀	長井市館町南12-30
⓮ 和菓子司 風林堂	長井市本町1丁目3-17

物販店

㊸ サイクランド松永	長井市台町3-29

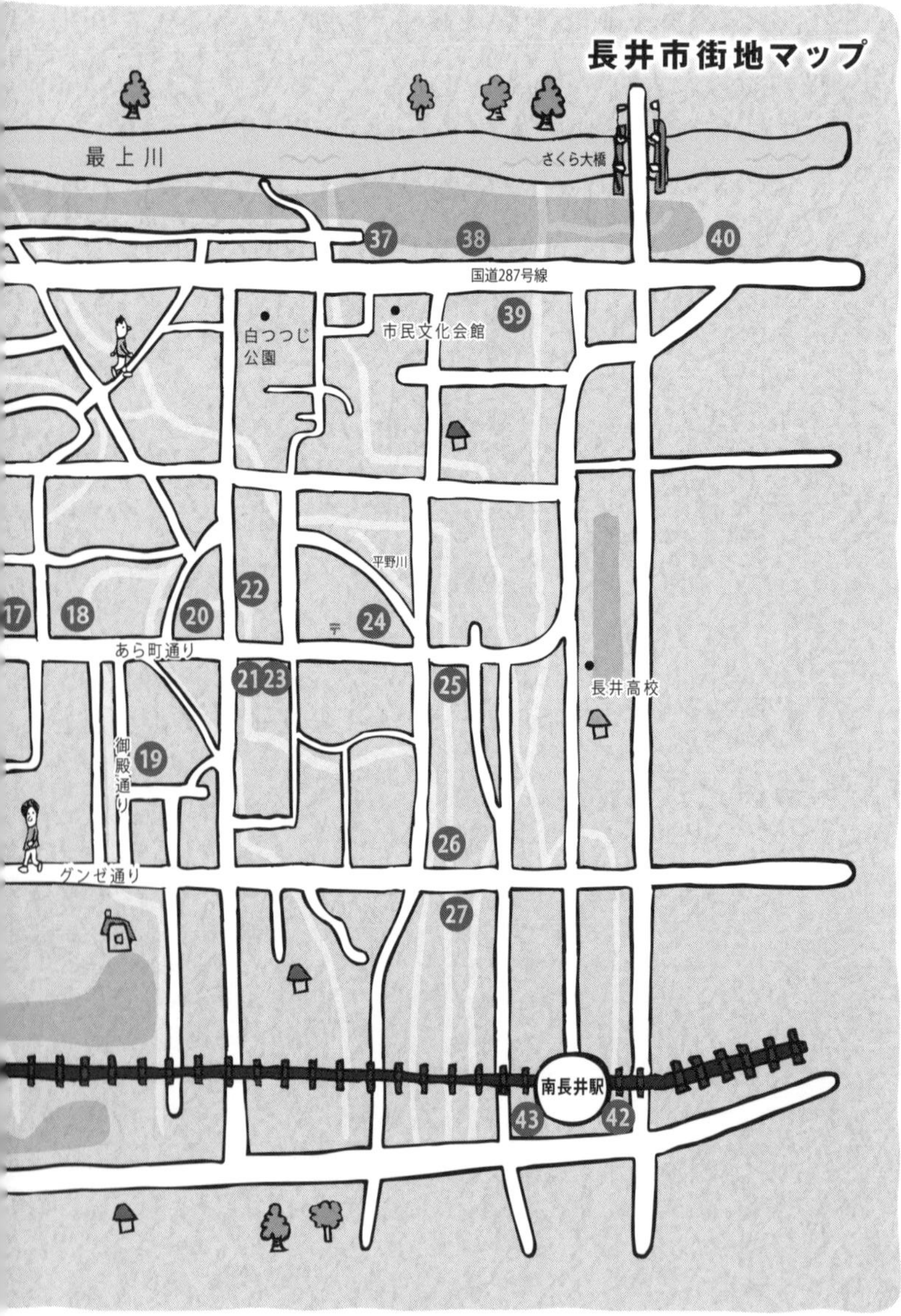
長井市街地マップ
最上川
さくら大橋
37
38
40
国道287号線
39
白つつじ公園
市民文化会館
平野川
17
18
20
22
24
あら町通り
21
23
25
長井高校
御殿通り
19
26
グンゼ通り
27
南長井駅
43
42

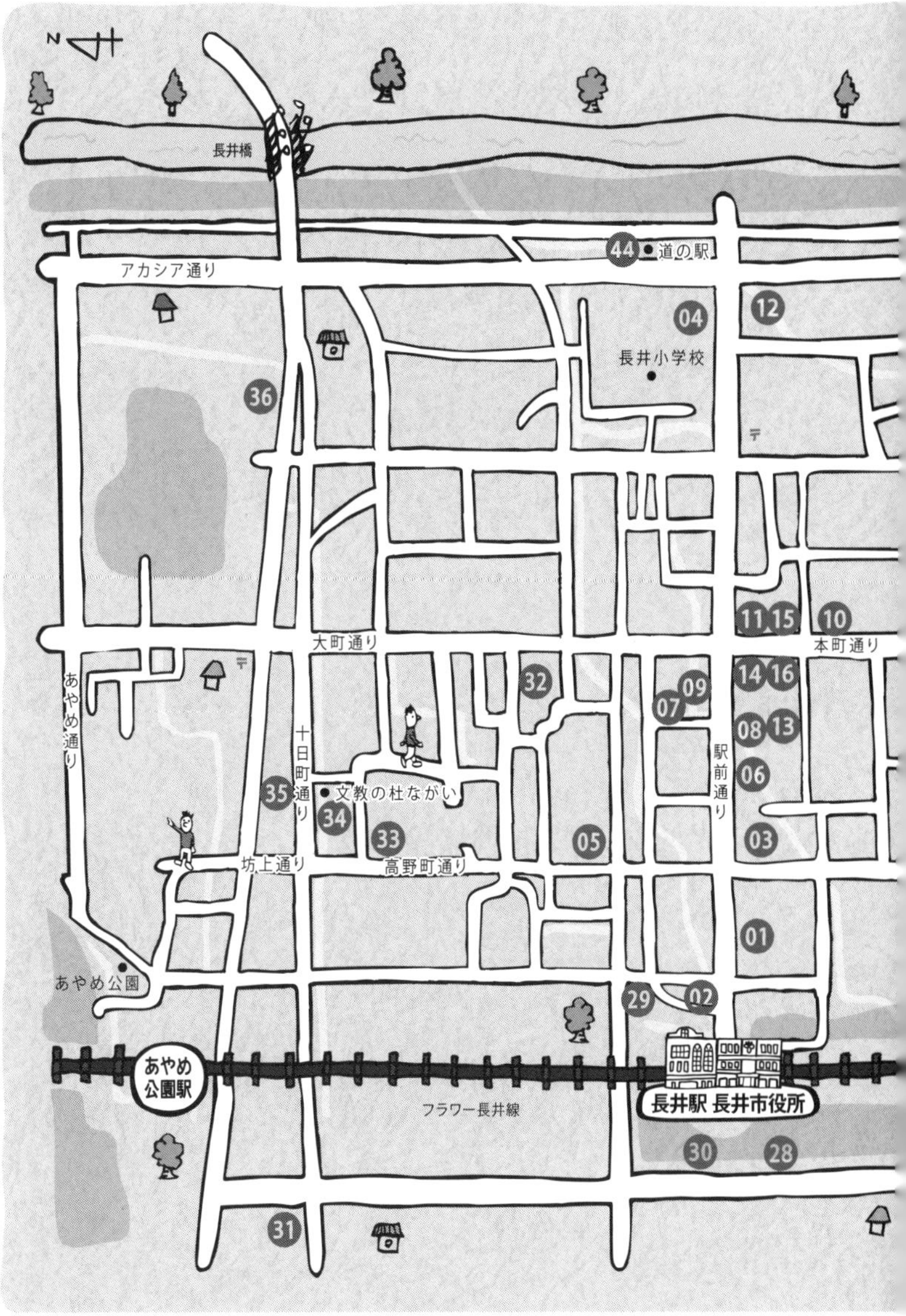
長井橋
アカシア通り
44
道の駅
04
12
長井小学校
36
大町通り
11
15
10
本町通り
32
09
07
14
16
08
13
あやめ通り
十日町通り
駅前通り
06
35
文教の杜ながい
34
33
05
03
坊上通り
高野町通り
01
あやめ公園
29
02
あやめ公園駅
長井駅 長井市役所
フラワー長井線
30
28
31

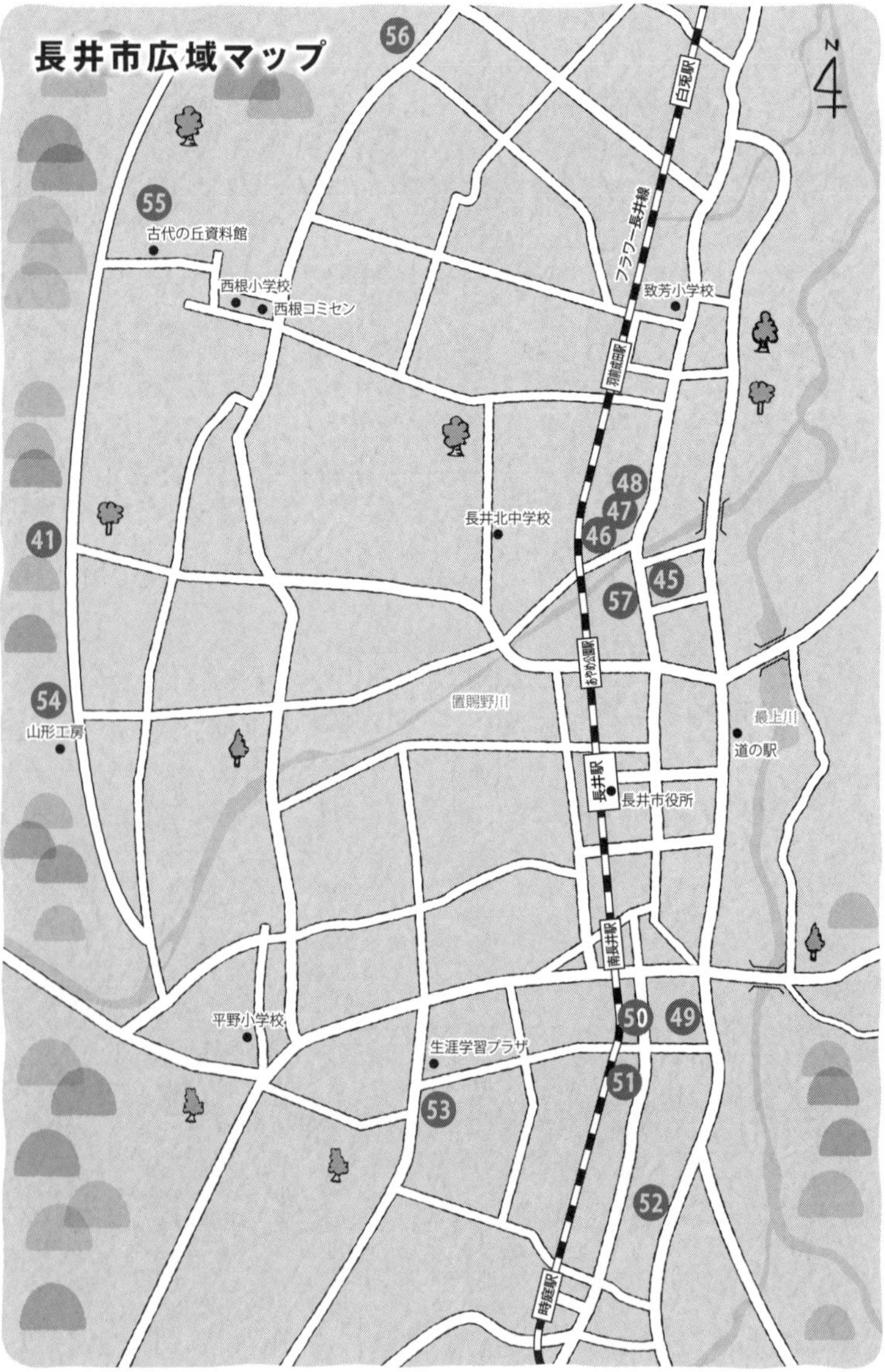

長井市広域マップ
56
55
古代の丘資料館
西根小学校
西根コミセン
白兎駅
フラワー長井線
致芳小学校
羽前成田駅
48
47
46
長井北中学校
41
45
57
あやめ公園駅
54
山形工房
置賜野川
最上川
道の駅
長井駅
長井市役所
南長井駅
50
49
平野小学校
生涯学習プラザ
51
53
52
時庭駅
N

●けん玉人口を増やす交流の取り組み

長井けん玉のふる里プロジェクト事業がスタートして最初の取り組みは、2014(平成26)年6月のあやめまつりで、プロけん玉師の伊藤佑介さんを招いて行われたイベント「けん玉公演 in 長井あやめまつり」及び市内小中学校(小学校1校、中学校2校)でのけん玉ワークショップ(けん玉教室)の開催だった。プロジェクト発足にあたって集められたべにばなレジェンドのメンバーが中心となり、広報、会場準備、当日の案内、参加者への指導などを行い運営をサポートした。

また、同年8月9日のながい水まつりでは、会場にブースを設置してけん玉ワークショップを実施。けん玉の実演や指導、販売、級の認定、けん玉大会を開催して優勝者にけん玉をプレゼントをするなど普及活動を行った。大会には子どもからシニアまでが幅広く参加し、多くの人にけん玉の楽しさ、素晴らしさを伝えることができた。

前日に行われた長井市の市制60周年記念パレードでは、市内の小学生が全員参加して、行進しながら音楽に合わせてけん玉の技を披露し、メンバーも参加協力した。

これらの活動が注目されるようになり、長井市内や山形県内だけでなく、県外の仙台、福島、東京など各地のイベントに招かれてけん玉教室やワークショップを開くようになった。東京では江戸川区の区民祭や東京ビッグサイトで開催された木材関連のイベントにも招かれた。けん玉は木を素材とする木工製品であることから、木材関係や森林関係などからも声がかかり、長井市及びけん玉をＰＲする絶好の機会となった。こうしたイベントへの参加は年間50〜60回にも及び、その間に市内小中学校でけん玉教室を開き、指導を行ってきた。

普及活動によって市外にもけん玉愛好者の輪が広がってきたことから、毎年長井市を訪れてもらえるイベントとして、山形名物の芋煮会やバーベキューをしながらけん玉を楽しむような交流イベントも定期的に開催し、年に1〜2回は１００人規模で行ってきた。芋煮会やバーベキューなどの交流イベントは、けん玉ができない人も参加しやすくして、長井の食を堪能しながら、けん玉の楽しさを知ってもらい、けん玉人口を増やすと同時に長井のファンを拡大したいという目的もある。毎回このイベントに参加する人たちもおり、家族での参加も多かった。リピーターの中には、このイベント（芋煮会）で出会ったのがきっかけで結婚したカップルもいる。

２０２０年〜２０２２年は新型コロナウイルス感染拡大防止対策のためにイベントの中止を余儀なくされたが、多くのけん玉ファンから再開が待たれている。

●第１回長井市民けん玉大会の開催

実施主体は長井けん玉のふる里プロジェクト実行委員会。プロジェクト委員会の中から

「けん玉のまち長井に大会があると市民の目標になるのではないか」という声が挙がったのがきっかけだった。

そこで、けん玉愛好者の裾野を広げるためにただ競技をするだけでなく、チーム制を用いるなどで、子どもたちが仲間同士で楽しみながらけん玉文化の普及につながるようにしたいということになった。大会を見に来る方は家族連れなどが多いので、けん玉レクリエーションとしての要素も盛り込んだ。けん玉が初めての人にも、けん玉に触れていただく機会にしたいという思いを込めた。

競技は個人戦及び団体戦(チーム戦)の2構成にし、個人戦参加資格は市内在住者・在勤者、団体戦は市内小学生とした。その内容は、「市長杯」を目指して長井市のけん玉ナンバーワンを決めるということで年齢・男女を問わず参加していただく。予選を行い、上位8名でエキスパートクラス(長井市長杯)を争い、それに漏れた人の中で子どもクラス(小学生以下)、大人クラス(中学生~65歳未満)、シニアクラス(65歳以上)というクラス分けをして、参加したみんなが同じレベルで競えるような大会にした。また、小学生には団体戦(チーム戦)として4人1組で各自が違う技でリレーのようにつなぐタイム競技を設けた。

2020(令和2)年2月9日に開催された第1回大会では、子どもからシニアまで、広く楽しめる大会として約70名の参加があった。エキスパートクラスでは平野小学校2年生の青木小羽《こはね》さんが優勝し長井市長杯を獲得した。1~3位までの上位3名はいずれも小学生だった。チーム戦は長井小学校けん玉クラブが優勝した。

●けん玉が長井市の「市技」に定められた

けん玉ひろばスパイクと市技認定のポスター

長井けん玉のふる里プロジェクト事業がスタートして以来、あやめまつりや水まつりでのワークショップや講演、けん玉教室の開催、市内外の人々が参加する芋煮会やバーベキューなどのけん玉イベント、けん玉ひろばスパイクの設置、ギネス世界記録への挑戦・達成、けん玉チャレンジの実施、けん玉チャレンジラリーの実施のほか、さまざまなけん玉人口を増やす取り組みが行われてきた。これによって市内のみならず市外、県外、海外にも「けん玉のまち長井」と長井市のけん玉文化が知れ渡った。

ここにきて、市民のけん玉熱、けん玉に対する思いはマグマのように熱せられていた。その熱い思いが、

第1回長井市民けん玉大会開催を機に一気に噴き出した。そして、世代を問わず子どもからシニアまで、ひとりでも、複数や大勢でも楽しめ、健康効果や運動効果があり、集中力や向上心を養い、人と人をつなぐコミュニケーションツールとして役立ち、市外から多くの人を呼び込み、交流人口を増やすことができるけん玉の可能性を改めて感じた。こうした状況から、長井市民の誇りとして、けん玉を「市技」にしてはどうかという機運が高まった。

そんな仲間の声や熱い思いを受けて、長井けん玉のふる里プロジェクト実行委員会から、市に対して「けん玉を市技にしてほしい」との強い要望があり、市は条例案を議会に提出。長井市でけん玉を「市技」に定める条例が制定されるに至った。その条文は「けん玉を活用した世界との交流を推進し、けん玉文化の継承を通じて市民の健康づくりや子どもたちの健全育成を図り、けん玉を活かしたまちづくりを推奨するため、けん玉を本市の市技に定める」というもので、「けん玉のまち長井」の未来とまちづくりを表している。プロジェクト発足当時からプロジェクトメンバーの中心として活動し、実行委員会を担ってきたスパイクファミリーは、口を揃えて「これで苦労が報われました。市や市民のみなさんからもプロジェクトの活動が評価され、こんなにうれしいことはない」「市技認定を機に、内外に向けてさらに普及を図っていきたい」と口々に喜びを語った。

●第2回長井市民けん玉大会の開催

２０２１（令和３）年2月14日に開催された第2回大会では、前年9月にけん玉が長井市の「市技」に定められた記念として、特別ゲストにけん玉好きで知られる演歌歌手三山《みやま》ひろしさんを招き、長井市けん玉大使を委嘱した。三山さんには市技「けん玉」を活用して長井市のＰＲをしていただくことになった。

新型コロナウイルス感染防止対策を行いながらの開催だったが競技参加者は35名、来場者は１５０名だった。エキスパートクラスでは親子で参加した30代のお父さん孫田《そんた》繁樹さんが優勝して長井市長杯を獲得し、息子の大河君が3位だった。2位、３位はいずれも小学生だった。チーム戦は西根の子どもたちのチームが優勝した。

また、第２回大会では市技認定キャンペーンの当選発表も行われ、当選者にはそれぞれ景品として市技認定記念オリジナルけん玉、温泉入浴回数券、けん玉ピンバッジ、けん玉マスクが贈られた。けん玉の好きな人も、けん玉を知らずにキャンペーンに参加した人も楽しめる大会となった。また、三山ひろしさんにけん玉大使をお願いすることで三山さんのファンにも「けん玉のまち長井」を広める狙いもあった。

●第3回長井市民けん玉大会の開催

2022(令和4)年3月21日、第3回大会を開催。会場は最上川の河畔に立つタスパークホテル2階のバンケットホール。新型コロナウイルス感染拡大はオミクロン株の出現によって収束が見えない状況であったが、会場内ではマスク着用をはじめ、万全の感染症対策を実施することで無事開催の運びとなった。

競技参加者は子どもからシニアまで50名、観覧者は20名と予想を超える人数だったが、密にならないよう適度の距離を保っての実施となった。市長杯(個人戦)予選後のレクリエーションでは、けん玉ひろばスパイクの歴代管理人によるけん玉パフォーマンスがあり、卓越した技の連続に目を奪われた。

個人戦の予選では10種目の技を2回行い、成功回数によって順位を決定してクラス分けされた。予選総合8位以内がエキスパートクラスの決勝トーナメントに進み、9位以下各世代の上位者8名が大人クラス、こどもクラス、シニアクラスの決勝トーナメントへと進んだ。エキスパートクラスの決勝トーナメント出場者にはけん玉ワールドカップ(KWC)への出場権が与えられた。また、小学生が4人1組で対戦する小学生チーム戦(団体戦)も行われ、応援にも熱が入った。

エキスパートクラス決勝は、実力が伯仲する熱戦続きでなかなか決着がつかず、ハイレベルな技が成功するたびに会場は大きな拍手が沸き起こった。小学4年生の小笠原和志君が熱戦を制して優勝し、市長杯を獲得した。大人クラスは孫田繁樹さん、シニアクラスは鈴木スミヱさん、こどもクラスは菅野忠佑君が優勝。各クラスの優勝者には副賞として、長井けん玉大使を務めている演歌歌手の三山ひろしさんのサイン入りけん玉が贈呈された。お楽しみ抽選会もあって、来場者にとって、コロナ禍の鬱屈した雰囲気を吹き飛ばす楽しいイベントになった。

第3回長井市民けん玉大会エキスパートクラスの入賞者

べにばなレジェンド、スパイクファミリーの活動と成果

べにばなレジェンド、スパイクファミリーの主要メンバーとして、プロジェクト発足当初から活動を牽引してきた土屋孝俊さんと川村龍介さんに、プロジェクトの経緯から活動内容、成果などをお聞きしました。

Q お二人がべにばな国体でけん玉のデモンストレーション演技に参加されたのは小学校6年生のときですね。

川村　はい。小学校3年生のときに国体のデモンストレーションに出ると決まって、学年でけん玉をやるようになりました。4年生になってからみんなで集まって、練習会やクラブで週1回くらいの練習をしました。土曜日の午後からは全体練習がありました。

土屋　5年生のときに国体のプレ大会があり、そのための特訓をし、そのまま6年生のときに本番を迎えました。エメラルドグリーンのけん玉はプレ大会に、山吹色（オレンジ）のけん玉は本番のときに使いました。帽子とTシャツも一緒です。

川村　初めてけん玉を手にした3年生のときは、やり方もわかりませんでした。

土屋　自分は小さい頃に触った記憶がありました。

川村　集団演技なので、いろんなフォーメーションがあり、輪の中心で演技をするのは上手な子が選抜されます

土屋孝俊さん（左）、川村龍介さん（右）

ので、「そこで技を披露したい」「選ばれたい」という思いがあって練習した記憶があります。

全小学校が参加する一大イベントということで、先生方が一生懸命で、練習も厳しかったです。自由選択ではなくて、「君たちはこれをやるんだ」という目標が決まっていて敷かれたレールをずっと走っていたという印象でした、いわば強制でしたね（笑）

土屋　先生方も自分で一からけん玉を覚えて児童に教えているということを聞きました。

Q　市内の6つの小学校の児童が一緒に演技する中で、学校間での対抗意識はありましたか？

川村　学校間での対抗意識はありませんでした。先ほどの上手なメンバーに選ばれたいという競争心はあり、競い合っていました。ただ、べにばな国体が終わると、けん玉はピタッと止めてしまいましたね（笑）

土屋　そうですね。私も国体が終わったら、けん玉も一緒に終わりました。

川村　大会に出るということがなく、目標がなくなって自然消滅的にけん玉を手にすることがなくなりました。中学校、高校に進んでからはなおさらでした。

土屋　数人が続けていて大会に出たりすることはありましたが。ほぼみんながやめてしまいましたね。「もう終わった！」という感じで。続けていたのは上手な子だけでしたね。

Q 再開するきっかけは「長井けん玉のふる里プロジェクト事業」の立ち上げでしたね？

川村　復活は自宅に1本の電話がかかってきたことから始まりました。日本けん玉協会長井支部長の齋藤直樹さんから「けん玉でチームを立ち上げるのでそのメンバーになってくれないか」と突然、電話がありまして。齋藤さんは、当時の小学校から各ひとりを選んで電話をかけたようです。

土屋　プロジェクト事業が立ち上がったということでしたが、みんな何をするのか、ほとんどわからないまま集まりました（笑）

川村　べにばな国体以来、会っていなかったので22年ぶりの再会でした。中学校も半分に分かれ、高校も違い、就職先、進学先も違っていましたから無理もありません。

土屋　市長が施政方針で「けん玉を使ったまちづくりをする」と言ったことがきっかけのようでした。

Q　２０１１年、２０１２年頃に市の観光振興計画の策定が進み、２０１３年度の市長の施政方針に盛り込まれ、２０１４年に「長井けん玉のふる里プロジェクト事業」がスタートしたのですね。

土屋　そのときに言われたのが、「あやめまつりにプロのけん玉師の伊藤佑介さんが来ることになり、1日目はパフォーマンスを見せ、2日目は市内の学校を回ることになったので、サポートとして協力してくれないか」ということでした。学校は北中学校、南中学校と小学校1校に行きました。

川村　ほとんどが初めてけん玉に触る子どもたちでしたが、北中には競技用けん玉を作っている山形工房がある地域の西根小学校出身者が多かったので、けん玉ができる子どもが多かったと記憶しています。

土屋　「べにばなレジェンド」という仮の名前のチームとして活動し、それをきっかけにプロジェクトが動き始めました。

川村　あやめまつりのイベントの後、メンバーの間で「これから何をするのか？」という話になりました。そのときに、8月に水まつりの花火大会があるから、そこにけん玉を教えるブースを出展しようということが始まりだったと思います。

土屋　そこで、プロジェクトの中で「べにばなレジェンド」として活動を始めることになりました。水まつりでは優勝者に景品としてけん玉をプレゼントするミニ大会も行いました。

川村　思った以上に好評で、多くの人が集まってくれました。

土屋　それがきっかけで、あちらこちらから声がかかって各地のイベントに呼ばれるようになりました。長井市内、仙台、福島のほかに東京都江戸川区の区民祭に呼ばれたり、東京ビッグサイトでの木材関係のイベントにも行ったりしました。けん玉は木を使う木工製品なので木材関連のイベントとのコラボが多く、県の森林関係や自然関連のイベントにも呼ばれました。

川村　年間に50～60回のイベントに出かけ、その間に小学校などにけん玉を教えに行きました。

土屋　当時はみんなが集まる場所がなかったので、「メンバーが集まれる拠点がほしい」と市のプロジェクト担当者に投げかけをしましたら、駅前通りの商店街に空き店舗（現在のけん玉ひろばスパイク）を用意してくれました。

前のテナントのまま改装されていない状態だったので、自ら掃除をして内装や什器の設置をし、外装も塗り、文字や絵を描き、カーペットも貼って手づくりで拠点に改装しました。

川村　愛着のある人は子どもたちを一緒に連れてきて、けん玉の練習をしています。

土屋　この拠点があったから、今も活動が続けられています。

川村　一度バラバラになった友だちが、再び集まれたのはけん玉という共通項があったのと拠点ができたからです。

土屋　忘れてしまっていたグループが再び集まって活動をすることはそうそうないことですので、その意味ではまたつながりができてよかったですね。

川村　あとはけん玉を通して仲間が増えてきました。友だちの子ども、その友だちの親とか奥さん、その友人という具合にどんどん広がって、輪がすごく大きくなっていくのが楽しかったですね。

土屋　輪は県外の人にも広がりました。

川村　新潟、宮城あるいは東京だとか、山形県外にも仲間が増えました。

土屋　そういう人たちは毎年来てくれました。

川村　私たちも、毎年来てくれるようなイベントを企画しました。バーベキューや芋煮会をやりながら、けん玉をするような交流イベントを継続して行っていました。

土屋　けん玉ができない人にも来てもらって、けん玉の楽しさを知ってもらい、そこからけん玉と長井市にはまってもらえればいいかなと思っていました。年に1～2回は100人規模の大きなイベントもやりました。

川村　毎回イベントに来る人もいて、コロナ禍の前は家族で参加する人も大勢いました。

土屋　リピーターの中に、秋田から来てくれる女性がいて、芋煮会で東京の男性と出会ったのがきっかけでお付き合いを始め、２０１９年に二人揃って長井市に来て入籍されました。また、私たちのメンバーでも、この活動を始めて恋人ができ、結婚した者もいます。彼は話し下手で人前ではいつも控えめでしたが、この活動を機に人前でも積極的に話すようになって女性ともお付き合いができるようになったのです。

Q メンバーはかなり増えたのでしょうか？

川村　べにばなレジェンドのメンバーは一定で、増えても少しでした。コアになるメンバーは10人くらいで、イベントのときにはスタッフが必要なのでサポートをしてくれる仲間を加えると20人くらいのグループになっていました。その中には長井市外の方も入っています。初期の頃と比べるとメンバー構成も変わりました。

土屋　もともとべにばなレジェンドは同級生だけだったので、けっこう負担もありました。プロジェクトが発足してから3年間くらいは、べにばなレジェンドで活動していました。しかし、さまざまな年代の人ともつながって一緒にやろうということになりましたので、けん玉ひろばスパイクを拠点にスパイクファミリーというグループを作り、そこに結集して活動することになりました。

Q べにばなレジェンドの発展的解消ですか?

川村 そうです。発展的解消です。話は変わりますが、現状では後継者を育てたい、後継者を募集したいというのがいちばん大きな課題です。これまで活動を中心的に担ってきたメンバーのほとんどが40歳を超えて年齢が上がり、最盛期から大分、後退してきたので若い仲間の後継者を作ろうというのがこの2~3年の課題となっています。

土屋 けん玉はそれほど上手でなくても良いので、ここでまちづくりを学んで、長井市のまちづくりに関わってもらえたらいいなと思います。

川村 ひとりだけ加わった若いメンバーもいますが、それっきり増えてはいません。減っていくほうが多いのが実情です。

土屋 みんな、仕事もあるし、家庭もあります。中には、子どもがいなかったので活動の時間を取れたが、子どもが産まれて育児が忙しくなって活動できなくなったというメンバーもいます。人が減ってきているので、どういうふうにこの活動を後世につなげていくかということがいちばんの課題です。

土屋 スパイクファミリー主催で人材育成に興味を持ってもらえるような座談会を開催した

こともありましたが、なかなかつながりません。

川村　難しいですね。

Q　みなさんのお子さんの世代はどうですか。期待できますか？

川村　そこはかなり期待しています。いちばんはギネス記録に挑戦して世界一になったときに参加してくれた子どもたちが大人になってきているので、それがきっかけでまちづくりをしてくれたらいいなという思いがあります。

Q　地方の都市では、子どもたちが中学校、高校を卒業して大都市の大学に進学し、企業に就職すると地元に戻ってこないという例が多く見られますが、長井でけん玉をやって、地域おこし、地域づくりに興味を持ってくれれば、いったん市外に出ても戻ってくることもあると思います。けん玉がそのきっかけになればいいですね。

土屋　長井市を「けん玉のまち」として定着させることはできたと思っていますので、バックボーンは根付いたと思います。

川村　私たちのグループのモットーは、「子どもたちが誇れるまちにしたい」です。大学進学や就職などで都会に行ったときに「山形県長井市ってこんなまちだよ」と言えるようにしたいという思いがあったので、「けん玉でギネス世界一になったまち」になって良かったと思っています。

Q　日本人の多くは一度はけん玉を手にし、見たことがあると思います。「けん玉生産日本一のまち」「けん玉でギネス世界一認定のまち」と言えば、「そんなまちがあったんだ！」と興味を持つ人は多く、話は通じやすいと思います。また、それが誇りになりますね。

土屋　そうなんです。それを続けるために後継者が必要で、私たちも後継者を育てるために頑張らなくてはいけないないと思います。

川村　そうだよね。活動が縮小するのは仕方がないのですが、グループだけは存続していかないと何もなくなっちゃうので。

土屋　一応、拠点もあって、２０２０年にはけん玉が長井市の「市技」に認定されました。その意味ではずいぶん進んでいます。

川村 まだまだこれからだと思います。

Q 2016年のギネスへの挑戦は、大きな意味を持つ活動でしたね。

川村 市長がとても協力的で、「やれやれ！　好きにやっていいよ」と言ってくれて、背中を押してもらったような気分で前向きになれました。

土屋 プロジェクトの実行委員会のメンバーが自分たちでお金を出し合って、川村君がギネス社とやり取りをしてくれました。認定要件は「連続してけん玉をキャッチした人の最長の列」（大皿ドミノ）ということで、長井けん玉のふる里プロジェクト実行委員会が主催して開催し、114人が見事に連続して大皿で玉をキャッチして世界一に認定されました。

Q そして、市内の店舗と提携して「けん玉チャレンジ」を始めたのですね。

川村 そうです。商店街を巻き込むようなことを次の活動目標にしました。商工会議所に相談したところ、「ギネスで世界一となった記録の114人にちなんで114キャンペーンのようなことを」と言われ、商店街のお店をみんなで手分けして一軒一軒回って協力店を探しました。

土屋　そうすれば町の中にけん玉への関心を広げることができるのではないかと期待しました。ギネス認定記録の数字114に因んで114本のけん玉を訪ねたお店に寄贈しました。

川村　これまで、イベントであちこちから呼ばれて出かけたときに謝礼をいただきました。それをグループの活動費として貯めていたので、そのお金でけん玉を購入して配り、何度も訪ねてチャレンジに参加してくれるように交渉しました。

Q　**2022年1月現在で56軒と、50軒を超える店舗数になっていますが、これだけ集めるのは大変なご苦労だったでしょうね。**

土屋　けん玉を広げるため、自腹を切ってけん玉を持って居酒屋や飲食店に行き、お店の中でけん玉の実演をしました。

川村　「けん玉を使ってお店のPRとサービスをしてください」などと、自分のお金を使ってけん玉を普及する夜の活動をしました。客になって売り込みというか営業をやっているみたいな感じです。

土屋　今はコロナ禍でできないのですが、継続してやってきたのは、けん玉チャレンジのほかに、子どもたちに向けたけん玉教室、近くのカフェを借りて行う大人限定のけん玉バーです。子どもたちのけん玉教室はけん玉ひろばスパイクを使って月に1回開催してきました。

川村 あとは「長井市民けん玉大会」です。長井けん玉のふる里プロジェクト実行委員会が主催して、第1回を2020（令和2）年2月9日に、第2回を2021（令和3）年2月14日に開催しました。競技への参加は市民（市内在住・在勤）限定で、大人や子ども、お年寄りも対象にした大会です。

2018（平成30）年には「第1回けん玉チャレンジラリー」をグローバルけん玉ネットワークと共催で開催しました。2019（平成31）年に開催した第2回には、けん玉ワールドカップに出場した海外プレーヤーも参加してくれました。

コロナ禍の中で継続している活動はけん玉チャレンジと長井市民けん玉大会です。

土屋 スパイクファミリーの活動として芋煮会やバーベキューなどのイベントを開催してきましたが、コロナ禍でも依頼があれば随時、出張してけん玉教室などを行っています。コロナの影響で通常のイベントができなくても、けん玉だったら距離を取ってできるということで需要が増えている面もあります。例えば、小学校などでスポーツやレクリエーションができなくなりましたが、距離を取ればけん玉は密にならずにできますので。

川村 学校や地域活動での親子行事などに呼ばれますね。

土屋　テレビでも取り上げられていますね。また、ステイホームでけん玉ということで、親子でけん玉をする人たちが増えています。

川村　平野小学校では毎年バレーボール大会を開催していましたが、コロナの影響でできなくなって、ギネス記録に挑戦したのがきっかけでけん玉の記録挑戦に切り替えました。

Q　けん玉は、オンラインでつなげば密になりませんし、良い運動にもなりますね。

川村　２０２１年に行われたけん玉ワールドカップも、長井市役所が山形県の拠点となって全部オンラインでつなぎました。けん玉自体の広がりはコロナ禍でも停滞していません。むしろけん玉をやる人は増えています。

けん玉は真剣にやるとすごい運動量で、慣れないと筋肉痛にもなります。上下動で脚の筋肉がパンパンになります。玉を皿やけん先で拾おうとするときに、屈《かが》んで膝を曲げたり伸ばしたりするので、筋肉が伸び縮みして運動量が多くなり、足腰の強化にはもってこいですね。

土屋　集中して30分～1時間やったら楽しみながらスクワットができて、良い汗をかけます。

川村　また、けん玉はコミュニケーションのツールにもなります。初めての子どもでも、うまく皿に乗ると「わあ、やったー」とまわりの子どもたちとハイタッチしたり、すぐに打ち解けますので、そういう意味でけん玉の魅力、効果はすごいなあと思います。

土屋 親と一緒にけん玉ひろばスパイクに来て、初めてけん玉をやった子どもが1時間くらい熱中したあと、「お母さん、けん玉買って！」と言っていました。

川村 それから少し経って、別のイベント会場にその親子が現れました。「また来てくれたね」と言ったら、ニッコリうなずいてくれました。1回だけで終わらなかったのがすごく嬉しかったです。

Q そういう活動が底辺を広げているのですね。長井市では、けん玉人口が増えていますよね。

川村 べにばなレジェンド発足当時に比べたら、相当増えていますね。

土屋 平野小学校は親子でやっています。

川村 今まで、学校での親子行事にけん玉はなかったので、かなり普及していますね。

土屋 親が子どもに教える。逆に子どもが親に教えるというふうに、親子の交流、コミュニケーションにも有効ですね。

Q なるほど、そうかもしれませんね。子どもたちの中には有望な子がいっぱいいますか？

土屋 子どもの成長はめちゃくちゃ早いので小学校1～2年生くらいから始めて急にグッと伸びます。今もけん玉ひろばスパイクに通い続けている子どもは、2年生で四段に昇段し、3年生で五段になっています。すごいですよ。

川村 けん玉をやっていると集中力が増します。チャレンジした技を決めるまで諦めないで頑張ります。今では子どもたちのほうが上手いので、私たち大人が張り合うのはとても無理です。勝てませんよ。初心者の子どもに初歩を教えることはできますが、もう師匠超えをされています。目で追えないほどの技を決めてきますから、若い子には全然かなわないです。

土屋 動態視力や体の柔らかさが全く違いますからね。

川村 今はユーチューブなどで動画視聴が普及していて、すぐに調べて練習して覚えられるので、上手い子は本当に上手いですね。また、技の種類や名前もすぐに覚えます。子どもは覚えるのが早いですね。今は「とめけん」や「うぐいす」といった日本名の技に加えて、英語名の技が普及していますね。「フリップ」とか「タップ」とか。

土屋 お手玉みたいな感じでジャグリングする技もあります。

川村　昔とずいぶん変わってきて、私たちでは技術がついていかないですね。

土屋　ですから、私たちは技術よりも「けん玉を普及する」「まちづくりをする」ということを大事にしたいと思っています。

Q　**年配のけん玉愛好者も多いですね。**

川村　年配者は齋藤直樹さんにお任せしています。齋藤さんは「バイカモンけん玉クリニック」という高齢者対象のけん玉教室を開いていて、素晴らしく充実したサークル活動で頑張っておられます。

Q　**そうやって広がりがあるからこそ、市民の人たちは長井市がけん玉のまちであることをよく知っているのでしょう。周辺地域の人たちにもよく知られているでしょうね。**

土屋　そこはもうメディアを使うのを意識しました。

川村　広く知られるにはメディアに取り上げてもらう、それがいちばんかなと。

土屋　いろいろな芸能人が来て、一緒にやったりしましたね。けん玉が長井市の市技になってからも、けん玉好きで知られる演歌歌手の三山ひろしさんを長井けん玉大使に任命したりとか、イベントの前週や前日などにテレビ放送があったりすると来てくれる人が多かったですね。

川村 メディアに取り上げられるようなイベント企画・活動を意識してやってきました。最もメディアに取り上げられたイベントは、ギネス記録への挑戦だったと思います。人気グループ「嵐」の二宮和也さんが、「けん玉でギネス挑戦」の取材で長井に来てくれたときは、子どもたちが一気にけん玉に飛びつきました。すごい影響力でしたね。

土屋 ２０１８年にスパイクファミリーが、共同通信社主催の地域再生大賞に山形県代表としてノミネートされ、優秀賞を獲得しました。

川村 山形新聞からの推薦もあって、地道な活動が評価されてすごくうれしかったですね。

Q けん玉が市技になって、皆さんの努力が認められましたね。

土屋 はじめの頃は、プロジェクトがここまで続くとは思わなかったのですが、一緒に始めたのが同級生だったということも大きかったと思います。周りの市民の意識がだんだん変わってきたこともあって継続できたのです。

川村　今では周りからも認めていただいています。

土屋　べにばなレジェンド、スパイクファミリーの活動があってけん玉が広く市民に親しまれ、それを市技にしようとなったわけですから、これまでの努力が報われました。

土屋　最近は市内のお菓子屋さんがけん玉クッキーを製造・販売しています。

川村　けん玉マスクやピンバッジもありますし、道の駅のレストランではメニューにけん玉カレーを入れていますね。

川村　けん玉の普及は、市技に認定されたことが大きいですね。

Q　これからやりたいことは何でしょうか？

土屋　コロナ禍で中断していますが、もう一度大きなイベントをやりたいと思っています。

川村　初代ギネス認定を受けた記録が今は塗り替えられていますので、それを取り戻すようなチャレンジをやったら面白いだろうなということが構想としてあります。市民のみんながチャレンジする企画をやれたらいいなと思いますね。

土屋　長井市には五つの商店街がありますが、連携がありそうで実はあまりないのです。それぞれが違って一つにはなれないので、けん玉をツールにして、何か一つにつながるようなことができればいいなと思います。

川村　今、山形大学人文社会科学部と連携してけん玉チャレンジをブラッシュアップすることを進めています。もっと盛り上げていくために、商店街の上手な巻き込み方を見つけたいと思います。

土屋　お店としても、お客さんと話す良いきっかけとなりますからね。コミュニケーションツールとしてのけん玉を最大限に活用してほしいですね。

ありがとうございました。プロジェクトがスタートしてから現在までの皆さんの活動と、熱い思いがよくわかりました。べにばなレジェンドの方がいなければ成立しないプロジェクトでしたね。大変なご苦労があっての「市技」という成果だったと思います。

皆さんの活動によってできたバックボーンの上で、さらに人々が一体となってまちづくりが進めば、若い人たちも長井市に定着し、長井市を訪れる人も増えると思います。それが、「みんなで創る　しあわせに暮らせるまち」につながると思います。これからも、けん玉の普及、まちづくりを進めてください。

〔山形大学人文社会科学部との連携プロジェクト〕

けん玉チャレンジ調査及びチャレンジマップのブラッシュアップに向けたフィールドワーク（経緯と感想）

長井市は2010（平成22）年より、山形大学人文社会科学部（当時 人文学部）と連携協定を結んでおり、相互が持つ人的・物的資源を有効活用し、地域社会の発展と人材育成に寄与することを目的に取り組みが行われてきた。その中には学生と市民との交流や市をフィールドにした研究なども含まれている。

この連携協定の一環として、山形大学人文学社会科学部地域公共政策コースの本多広樹教授の研究室の学生により、「長井けん玉のふる里プロジェクト事業」の取り組みの一つであるけん玉チャレンジの調査及びチャレンジマップのブラッシュアップについてのフィールドワークが行われている。

けん玉チャレンジは2016年（平成28）年から行われてきたが、けん玉を活かしたまちの活性化を進めるためには、年間を通して観光客及び市内の人々などの利用者を増やし、商店街を盛り上げ、利益を生み出すことが課題となっている。そこで、若い学生の視点で、けん玉チャレンジの取り組みを活性化するための打開策、改善点を見つけてもらうためだ。

2021年9月及び10月にヒアリングが行われ、11月に2班に分かれて調査を実施。12月にオンラインによる中間報告会があった。

1班の報告は「長井市におけるけん玉チャレンジマップの調査と提案」。調査対象は飲食店、菓子店、見学施設、眼鏡店。けん玉チャレンジを実施したことでの店舗の反応には「店全体が和やかになった」「けん玉がきっかけで著名人とのつながりが増えた」「けん玉をしている人も見ている人も楽しめる空間になった」「まちの中にけん玉があることが当たり前になった」などがあり、けん玉を活かしたまちづくりについては「けん玉の活用だけでなく、市・市民の協力が必要」「けん玉は日常生活に運動と精神を鍛える機会を与えてくれる」「みんなが一つになれる」「長井市と世界をつなげる可能性がある」などの感想があった。

今後のまちづくりに期待していることについては、「長井市の認知度が低いため、他地域に発信してほしい」「他地域の若い力を借りたい」「子どものけん玉遊びを通して親世代のけん玉に触れる機会を増やす」「他地域の人がけん玉のまちと認識できるようなまちづくり」「他のイベントと合わせてけん玉チャレンジをしてほしい」などが寄せられた。

調査結果を踏まえた学生からは「チャレンジマップのターゲットが不明確」「チャレンジマップが見づらい」「多くの観光客がけん玉チャレンジマップの存在を知らない」などの課題が挙げられ、これらの改善に向けて「ターゲットを短期的には市民向けとし、長期的には観光客向けとする」「チャレンジマップを見やすくする工夫をする」「チャレンジマップの存在を広くアピールすることが必要」などの指摘があった。

2班の報告は「けん玉チャレンジマップリニューアルの検討」。コロナ禍により宴会・イベントの中止などで客数が減少し、大半の店舗で経営状況が悪化して今後の見通しが不透明だったが、調査対象の店舗・関連団体の反応は、けん玉チャレンジ実施により「お客さんの滞在時間が増加してお客さんとの関わりが増えた」「来店のきっかけ作りになった」などのメリットもあったようだ。

学生の感想には、「店舗によって参加に対する義務感、温度差がある」「ターゲットの絞り込みが不明確である」「明確な目標が設定されていない」などの点が挙げられ、各店舗に直接的に利益が還元されるような制度の新設が必要だろうという指摘もあった。

これらの調査を踏まえて、学生よりチャレンジマップの改良案、及び新たな活用案が提案され、関係者からは「自分たちでは考えつかなかったことも多い」「今後のターゲット、活動目標が明確になった」などの声が上がっていた。今後さらにブラッシュアップされ、若い感性と自由で先進的な発想による提案が出てくることが期待される。

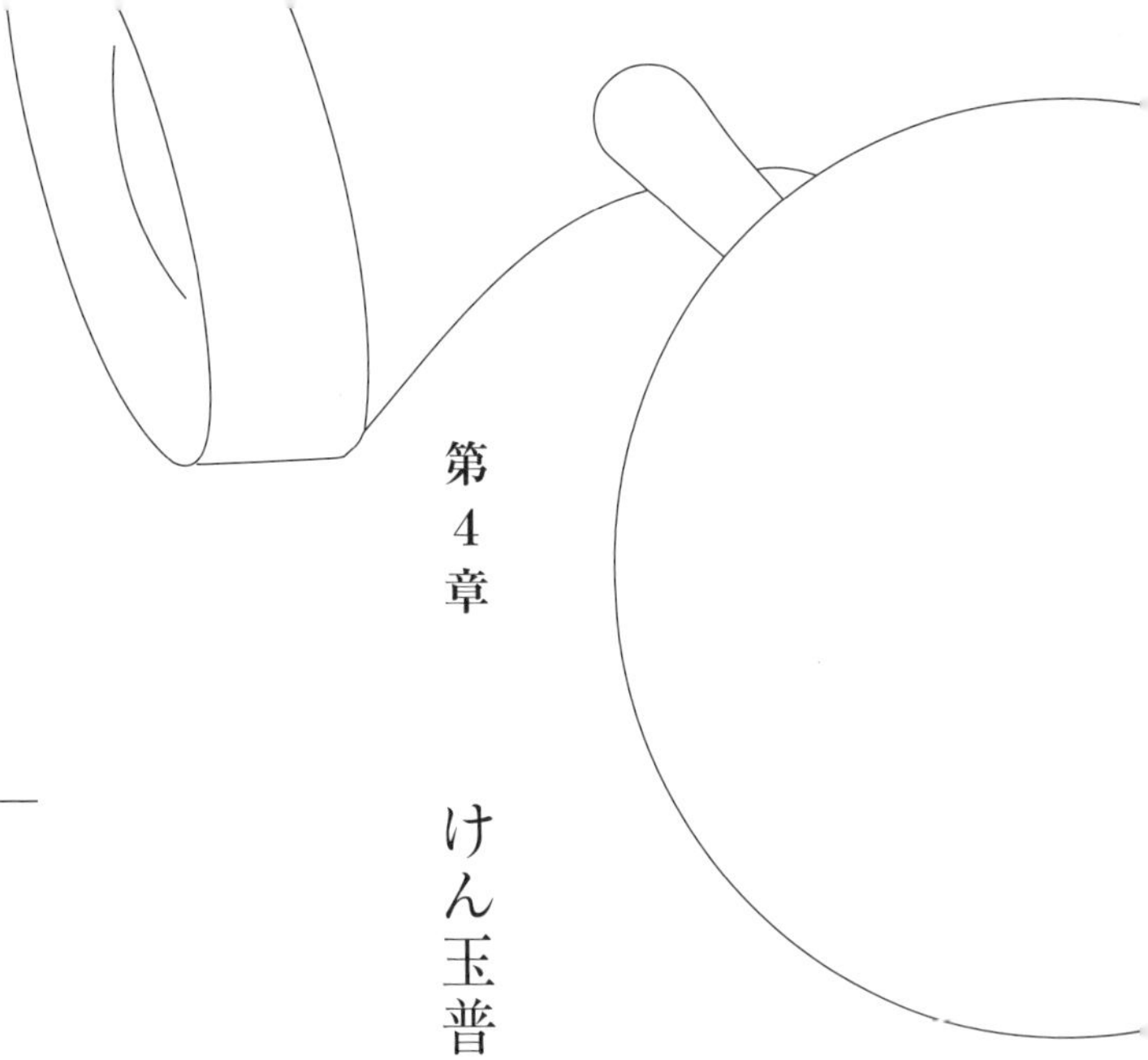

第4章 けん玉普及に取り組む市民の活動

長井市でのけん玉普及とけん玉文化の創造について
その原点から現在まで

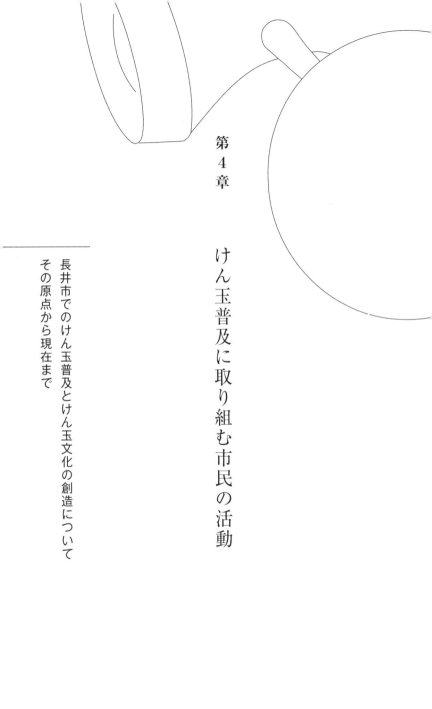

べにばな国体から始まった長井市のけん玉文化

これまでも触れたが、長井市で最初にけん玉が市民に広く知られる契機となったのは、1992（平成4）年に山形県で開催された国体（べにばな国体）だった。長井市は卓球競技少年の部の会場となり、その開会式のデモンストレーションに小学校6年生によるけん玉を使った集団演技が行われることになった。長井市とけん玉に関わる、まさにエポックメイキングなできごとだった。長井市のけん玉文化は、ここから始まっていると言えるだろう。

当時の状況と経緯、その後の市民の活動について、当時から現在までをよく知る齋藤直樹さん、齋藤紘子さん、森輝彦さんに取材した。

齋藤直樹さんは、日本けん玉協会長井支部長を務めておられ、奥様の齋藤紘子さんとご一緒に、シニアを対象としたけん玉教室「バイカモンけん玉クリニック」（後述）を主宰されている。ご夫妻は、長年に亘って小学校教諭を務められ、学校教育の中でけん玉教室を開催するなど普及に尽力してこられた。森輝彦さんは、けん玉道場やけん玉塾の立ち上げ、けん玉大会の開催、技術指導など、幅広く普及に努めていらっしゃる。

まずは、長井市のけん玉文化の発端からお聞きしよう。

国体で、けん玉によるデモンストレーションをすると決まった

齋藤(紘)　1989(平成元)年頃、べにばな国体の卓球少年の部の会場が長井市に決まると、市に国体に向けて何をするかを話し合う国体係が設けられました。社会教育課でも何をするかが話題になりました。そのとき、「長井市は競技用けん玉生産日本一なのだから、それを活かさないと」という声が上がりました。担当者は「けん玉か……。地味だな」と言いましたが、紆余曲折の末、思い切ってけん玉に決めました。もしかめを中心にした集団演技です。

それで、子どもたちにけん玉を教えるために、長井小学校を皮切りに市内の各小学校でけん玉に携われる先生はいないかと探しました。そのときの長井小学校の校長先生が佐藤格《ただし》先生で、私は3年生を担任し、学年主任をしていました。当時3年生の担任の先生たちは若い人ばかりで「よし、やろう!」ということで引き受けることになりました。そして、日本けん玉協会会長(当時)の藤原一生さんをお招きして、直接、子どもたちと会って技を見せ、興味を持ってもらおうということで、11月に長井小学校の体育館でけん玉の技を披露していただきました。

そのときまで長井市が競技用けん玉生産日本一であることも知りませんでした。また、藤原さんの実演を見て、「けん玉であんな技ができるなんて!」とびっくりしました。まわりに「けん玉が上手な人はいないか?」と聞いてみましたら、当時小学生だった森静香さん(現、孫《そん》

田《た》静香さん）のお父さんの森輝彦さんが、お上手だということがわかりました。そこで、森さんにお願いして子どもたちにけん玉を教えていただき、ビデオや本なども見せていただきました。

学年全体で取り組んだので、他の学年にも影響がありました。1990（平成2）年には各小学校で、べにばな国体開催時に6年生になる（当時は4年生）児童たちを、けん玉演技をする子どもと合唱をする子どもとに分け、それぞれ練習が始まりました。4年生のときはけん玉の初歩、5年生になると特訓をして、6年生では本番です。動きは先生方が見栄えのよい動作を工夫しました。

そこから学校でけん玉クラブを作る動きが始まりました。また、森さんが体育館などでけん玉大会を開いてくださり、長井市置賜生涯学習プラザでも大会を開催するようになって、けん玉をする人がどんどん増えていきました。けん玉大会で景品が出たり、新聞にも載ったりで子どもたちの励みになりました。普段あまり目立たなかった子どもがけん玉をやることで生き生きとしてきました。親は「よかった！」「うちの子にもそういう才能があるのがわかった！」と喜んでいました。

森　控えめで、人付き合いがあまり得意ではない子どもがひとりで黙々と集中してやるから上手になるのですね。

齋藤（紘）　その子どもたちが今、父親、母親になって今度は自分の子どもに教えているので、けん玉人口が増えています。

べにばな国体後も市民の活動継続

森　１９８７（昭和62）年に長井市が日本けん玉協会会長の藤原一生さんに生涯教育委員を委嘱しました。それで藤原さんが小学校、中学校にけん玉を教えに行きました。また、市内各地区の子ども会育成会にも来てくださいました。私はそこで藤原さんに教えていただいて、一級に必要な「灯台」の技ができるようになりました。ですから、先生方が広くけん玉を始めたのは１９８９（平成元）年頃だと思います。

日本けん玉協会ができるまでは、けん玉の寸法、材質、塗装などに違いがあり、技の名前にも違いがありました。そこで協会ではルールを統一し、公平に競技ができるように材質、サイズ、塗装などの規格を定めました。それで、その規格に沿って鈴木与三郎さんの山形博進社（現・山形工房）で公認の競技用けん玉の製造を始め、生産日本一になりました。そして、長井市でも少しずつけん玉の催しをやるようになったことと、藤原さんが小学校にけん玉を教えに行かれたという話とつながります。

その頃は、どの学校の先生も頭を悩ませていたと思います。先生方のけん玉特訓の会や講習会もありました。国体までは方々に声をかけて盛り上げました。しかし、国体が終わるとスッと盛り上がりが消えました。長井市でも国体関係の部署がなくなり、私だけが残ったのです。ただ、齋藤紘子先生は赴任するたびに、その小学校でけん玉教室をやってくださいました。

齋藤（紘）　お隣の白鷹町、荒砥小学校に赴任したときもけん玉クラブを作っていただいたところ、子どもたちはメキメキと腕を上げて、けん玉大会に参加すると荒砥小学校の子どもたちが勝ち、すごく喜んでいました。

森　けん玉大会開催に当たっては長井郵便局の支援も大きかったですね。1993（平成5）年、長井けん玉道場を開設する際に、当時の郵便局長さんが郵便物を振り分ける広い部屋を「いつも空いているから、ここでけん玉をやればいい」と貸し出してくださったのです。それから、郵便局で毎月けん玉道場を開きました。

荒砥小学校のけん玉クラブの子どもたち、私のところに体のケア（診療）で通院していたおじいちゃんやおばあちゃんたちにも来ていただいてけん玉をやってもらいました。けん玉で遊ぶのと同時に級の検定も行いました。さらに、正月の新年会、鏡開きなどもやり、そのつど経費は郵便局から出していただき、「ゆうちゃん・かんちゃん杯」という冠をつけたけん玉大会もやりました。長井けん玉道場は5年間やりましたが、その間にテレビの取材で伊奈《いな》かっぺいさんが訪れました。鈴木与三郎さんが作ってくれた長い大きなけん玉を手に、カメラに向かって「なが〜いけん玉です！」とポーズを決めていました。また、国体を機に長井市のけん玉が話題になったのでテレビの取材もけっこうありました。

その後は学校でけん玉をやる機会が減っていきましたが、日本けん玉協会主催の文部科学大臣杯全日本少年少女けん玉道選手権大会には、長井市からも連続して参加していました。けん玉道場に通っている子ども2〜3人は本大会に出場しています。しかし、次第に小学生が来ない状況になり、けん玉道場は閉じました。

でも、市のほうに単発で「けん玉を教えてください」「技を見せてください」といった問い合わせがあると私のところに連絡が来ました。自治体では藤島町（現在は鶴岡市）から「けん玉を教えてほしい」という依頼がありました。

本格的に長井市でけん玉が復活するきっかけとなったのは、1999（平成11）年に当時、齋藤直樹先生が校長をしていた西根小学校の創立80周年記念式典で、そのときは全校児童がけん玉で行進し、上手な子どもたちに壇上で模範演技をしてもらうなど、みんなでけん玉を披露しました。また、2002（平成14）年の創立記念日（83周年）の式典にも齋藤直樹先生から要望があり、長井出身で当時、仙台の大学に進学していた四釜淳悟君に模範演技をお願いしました。2002年には、西根公民館でけん玉塾をやりたいという要望があり、虹の森けん玉塾を始めました。それ以来、西根ではけん玉大会も開いています。

そして、２００３(平成15)年にビッグチャンスが訪れます。当時の皇太子ご夫妻が長井市の慈光園(特別養護老人ホーム)にいらして、小学生やお年寄たちがけん玉交流をしているところをご覧いただくことになり、けん玉塾の子どもたちもしばらくの間、特訓をしました。このあたりが西根でけん玉が盛り上がってきた話ですが、長井市として取り組むのは２００５年(平成17年)の日本けん玉協会の創立30周年記念事業が行われたことからです。

齋藤(紘)　西根小学校で、学校ぐるみでけん玉の時間を作っていましたら、教育長から話がありました。

森　その頃は日本けん玉協会長井支部は長井市の企画課の管轄で、市から活動資金が補助されていました。それまでは支部員は私一人で支部長も兼ねていました。ここから本格的に長井支部を再生するということで齋藤直樹先生が規約もきちんと見直して計画を立て、支部長を引き受けてくださいました。

齋藤(直)　日本けん玉協会の創立30周年記念事業では、全国から会員が集まってくるので宿泊を確保するのが大変でした。まあ、成功したから良かったと思っています。

森　それで日本けん玉協会の長井市に対する信頼度が高まったようですね。

齋藤(直)　当時、西根小学校では地元に競技用けん玉生産で日本一の工場があるということ

❶西根地区コミュニティセンターで開かれる虹の森けん玉塾で先輩の技を見る子どもたち
❷子どもたちを指導する森輝彦さん(左)
❸子どもたちを指導する松本健さん(左)

で、総合学習の一環として見学や話をお聞きしたいと考えて創業者の鈴木与三郎さんとつながりを持ち、工場訪問を行ったり、学校の中で練習会、けん玉大会を開催したりしました。また、地元にけん玉ができる場を作らないと普及は難しいということで、先ほども森さんのお話に出たことですが、西根地区公民館の館長に主催者になっていただき、公民館事業として虹の森けん玉塾を開講していただきました。私が考えた「虹の森」というネーミングは、レインボーの虹と森先生の森をくっつけたものです。西の山に虹がかかるという意味からです。

ペインティングでも長井市のけん玉文化をアピール

齋藤（直）　日本けん玉協会の創立30周年事業の際に、協会理事からけん玉ペインティングを広げていきたいというお話がありました。けん玉ペインティングは２００２（平成14）年から全国コンテストとして始まっており、第１回のコンテスト以降、長井市の子どもたちにも参加してもらっています。全国コンテストの二次審査を通過した作品を除いた作品を対象に長井支部コンテストを開催し、市長賞ほかを選考しています。けん玉の技のほうは「動」、ペインティングは「静」とし、けん玉の両輪と捉えて小中高の学校の校長先生を訪ねて説明、説得を続けました。今まで長井地区から最高賞の文部科学大臣賞受賞者を２名輩出しています。

「川のみなと長井」に展示されているけん玉ペインティングの作品

けん玉ペインティングには全国から例年およそ4千名の応募があります。一次審査では平面図に絵柄を描いてもらいます。一次審査を通った２００名には日本けん玉協会から無地の木地けん玉を送ります。ペインティングをして返送してもらって二次審査を行います。そこから20名の入賞者に絞り、さらに審査して優勝及びそれぞれの賞を決めます。長井地区からは毎年30名くらいが二次審査に進み、複数名（3〜4名）が20名の入賞者の中に入っています。二次審査に進むには出品料（木地けん玉代）１５００円が必要ですが、長井市の地場産業振興センターが運営を受け持ち、出品料も負担してくれています。大変ありがたいことです。

東日本大震災の年（２０１１年）に、赤十字関連の仕事をしていたので、山形工房さんからけん玉を安く譲っていただき、福島県天栄村の小学校にけん玉慰問に行きました。その小学校で教頭先生が贈呈式の時間を作ってくださり「長井市民の方はみんな上手なんですよ」と私を紹介してくださったので、びっくりしました。でも、初歩の初歩である大皿とかを披露してなんとかごまかすことができました。けん玉が初めての人や全くできない人にとっては大皿ができると「すごい！」となるわけですね。でも、それからは、これではダメだと反省して一生懸命練習し、今は一応上手になりました。

齋藤（紘）　ペインティングは、技が苦手だけれど絵を描くのが好きという人に向いていますね。私は美術の教員免許も持っているのでいろいろなところに呼ばれます。技の部分だけでなく、ペインティングでも「長井市には、けん玉があるのだ」と知ってもらうことに役立ってきたと思います。本当に喜んで描いてくれるし、世界に一個しかない宝物になりますね。

福祉けん玉の開発を機に、シニアのけん玉教室を開設

森　齋藤先生ご夫妻がご指導されている「バイカモンけん玉クリニック」では、ご高齢の方が大勢参加されていますね。

齋藤(紘)　ご高齢の方がけん玉をとても楽しんでやってくださっています。そのことが広がって市内外のミニデイサービスの会場から声が掛かってきています。高齢者に向けたけん玉教室「バイカモンけん玉クリニック」を作ったのは、山形工房さんで福祉けん玉「大晴《たいせい》」を作り始めたことがきっかけでした。福祉けん玉は少しお皿が大きくなっていますね。それをシニアの方に広めてみたいという思いがあったからです。また、小学校1、2年生には競技用けん玉は難しいので福祉けん玉を使ってもらいます。酒田市などの市外の団体からも呼ばれることがあり、「長井市はけん玉日本一！」とPRしながらやっています。

齋藤(直)　クリニックの名前の由来ですが、長井市には清流にしか生えないバイカモという水草があり、楚々とした綺麗な花が咲きます。けん玉もマイナーな世界ではありますが、「健康面には、本当に効果がある」というイメージで、バイカモと同様ではないかと思いました。そこで、バイカモの後ろに「ン」という文字をつけました。

齋藤(紘)　いろいろなところに出かけてシニアの方とけん玉をしていますが、大皿に乗せるだけで「やったー」と喜んでくれます。そのときの表情は絶対に大事ですよね。

けん玉をやっているうちに「この筋肉が痛くなってね」と言いますが、膝の屈伸がスクワットになっていいなと思います。シニアの場合、1回の教室が1時間半〜2時間くらいで、やる内容は基本の「大皿」「小皿」「中皿」というお皿に乗せる技です。うまくいけば「ろうそく」という技までできますが、ほとんどがお皿の運動（技）までで1回目を終わります。ちゃんとやっている人は姿勢もいいし、体も使ってやっていますので、すごく健康に役立つと思います。今は姿勢の悪い子どもが多いようですので、姿勢を正すためにもけん玉は効果的だと思います。

また、福祉けん玉は公民館などでドサッと買って共用にしていますが、それだけでは満足できなくなり、自分専用のものがほしくなります。それでマイけん玉がほしいということでけん玉を持つ人口が多くなりました。

森　福祉けん玉を買うと、けん玉の本が付いてきます。福祉けん玉は画期的な商品で、山形工房さんでも完成品ができるまでには皿を大きくしてみたり、玉を小さくしてみたりとさまざまな工夫をしていました。皇太子ご夫妻が訪れる前も皿を大きくして慈光園のお年寄りに試してもらいましたが、今までのけん玉の形をイメージすると重くなります。そうすると高齢者に向かなくなってしまいます。ということで、試作品をいくつも作っては数多くボツにしながら開発を続けました。また、小さい子どもに向けて皿を大きくして玉を小さくしてみましたがうまくいきませんでした。でも、福祉けん玉大晴に関しては、あのお皿の大きさと重さで壊れないように作ったというのは画期的です。ただ、お皿の部分を薄くしたので音だけはいまいちですが……。軽量化とお皿の大きさ、形で高齢者に普及したのではないでしょうか。何しろ持ちやすいですから。

齋藤（紘）「わっ、成功した！」となるとほしくなりますね。

森　ただ一つだけ欠点があって、「福祉」と付いているので若い人や子どもが敬遠して買わないのです。

齋藤（紘）　それは「福祉」という言葉の意味合いを勘違いしている人が多いからでしょうね。福祉というと高齢者というイメージが強いと思いますが、「幸せ」や「ゆたかさ」を意味する言葉でもあります。

森　本来、初心者に使ってもらいたいなと思います。初心者に最適です。「シニアけん玉」「プライマリー（基本の）けん玉」と言ってほしいな。ブランド名の「大晴」はいいなと思います。

市長施政方針の「けん玉でまちづくり」を知り、心が湧き立つ

齋藤（紘）　演歌歌手の三山ひろしさんもけん玉が大好きで、長井市のけん玉大使を務めてくださっていて、そのPR効果で長井市も注目されています。時間はかかりましたが、いろいろな協力があって現在の状態になりました。

齋藤（直）　7、8年も前になりますが、市報で市長の施政方針を見たら「けん玉でまちづくり」と言っておりました。「えーっ！」と思いましたが、反面心が湧き立ち、関係者として何と

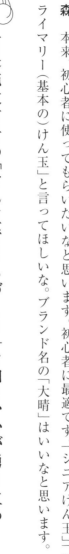

か対応しようと思いました。そして「長井けん玉のふる里プロジェクト事業」をやるためにコアになるメンバーを集めたいというお話が市からありましたので、学校を回ってべにばな国体でデモンストレーション演技をした当時の小学校6年生の所在を調べて、電話をかけて集まってもらいました。その人たちをべにばなレジェンドと名付けました。彼らが一生懸命に動いてエネルギーを集めて火をつけ、今のスパイクファミリーを組織しました。そして、その年代だけでなく市民の幅広い層に浸透していきました。あの若者たちは素晴らしいです。

森　私が始めたのが、今の彼らと同年齢の40代初めでしたから、今から次の世代を担ってくれる人を見つけて育てておきたいですね。

齋藤（紘）　今はコロナ禍で自粛が求められていますが、またイベントが始まれば若い人、小さい子も入ってきますし、おじいちゃん、おばあちゃんがいて、働き盛りのお父さん、お母さん、その友だちが集まってくると思います。

齋藤（直）　地域の小学校でも課外活動として取り上げてくれるといいですね。

齋藤（紘）　けん玉が市技になったのでやりやすい雰囲気になってきました。

森　部活が先生方の負担になっているので、けん玉ひろばスパイクで課外活動を行えば良いと思います。また、オンラインレッスンなども活用して質の高い情報、質の高いレッスンも可能だと思います。

齋藤（直）　ペインティングの面でもオンラインレッスンは可能ですね。いつも子どもたちは素晴らしいモチーフを考えるなあと思います。また、長井に海外のアーチストがやってきて「私も描きたい」と言って、作品を残していきました。素敵なことですね。長井のけん玉文化がより深く広がっています。

ありがとうございました。長井市のけん玉の歴史及び市民と行政の関わりがよくわかるお話でした。旧長井小学校第一校舎で行われた「バイカモンけん玉クリニック」の教室で、最後に齋藤さんが「地域づくりに頑張ろう！」と声をあげておられた。その言葉の中には、単にけん玉が好きな仲間が集まってけん玉をやろうというのではなく、けん玉で人と人をつなぎ、健康と長生きを実現し、地域を若い人たちが誇れるようなまちにしよう、しあわせに暮らせるまちにしようという熱い思いが詰まっていると感じられた。

「バイカモンけん玉クリニック」のけん玉教室

「ワァ、できたー」「うれしい！」と、うれしさのあまり喜びの声が弾んでいる。見ているほうも、思わずガッツポーズが出て、「やった！」と声が出てしまう。

❶バイカモンけん玉クリニックで、大皿～小皿～中皿、もしかめと次々に技を決める参加者

❷この日のバイカモンけん玉クリニックの参加者の皆さんと齋藤直樹さん（後列いちばん左）と紘子さん（前列右から2人目）

バイカモンけん玉クリニックの教室では元気いっぱいの若々しいシニアが躍動している。

今日の教室には10人の女性が参加、講師は主催する齋藤直樹さん・紘子さんご夫妻。齊藤直樹さんは公益社団法人日本けん玉協会長井支部長で2級指導員を務め、紘子さんも同協会の普及員を務めている。

「シニア人口が増える中で、けん玉には健康寿命を延ばし、バランス感覚を向上させる働きがあることも注目されています。昔からけん玉の普及に努めてきましたが、地元のけん玉メーカー(山形工房)から福祉けん玉「大晴」が発売され、それをきっかけに、シニアや子どもたちなどにけん玉の魅力を伝え、楽しんでいただきたいとの思いから始めました」ときっかけを語る。福祉けん玉「大晴」は、競技用けん玉に比べて皿が大きく技が決まりやすいデザインで、しかも軽量なのでシニアや初心者にうってつけだ。

「バイカモンけん玉クリニックの目的は、競い合うことや技の成功だけを目指すことではありません。何かに挑戦することはいくつになっても尊いことです」と。けん玉は一つの技ができたら、その次へとステップアップしていけるので気持ちが積極的になり、集中力が高まって脳も体もいきいきしてくる。「福祉けん玉を使って、基本からていねいに説明します。けん玉を楽しみながら、脳と体をいきいきさせましょう」と口を揃える。3年目を迎えた市民大会にもシニアの部で参加し、お互いに励まし合っている。

参加者は、「コロナ禍で行くところがなくなったが、楽しみながらできるので、ここで刺激を受けている」「朝までぐっすり眠れるようになった」「膝が悪くて、リハビリのために始めたところ、膝の痛みがなくなった」「ここで始めて、今は孫たちと一緒に家でけん玉大会をやっている」「椎間板ヘルニアになったけれど、支障なくできる」「〝もしかめ〟しかできないが、歌いながらやっていてとても良い脳活になっている」などなど、いかにも楽しそう。

米沢栄養大学の加藤守匡教授の研究で、けん玉には運動効果や健康効果があることが解明されており、認知症予防にも役立つと指摘されている。

「バイカモンけん玉クリニック」は、長井けん玉のふる里プロジェクト事業の一つでもある。プロジェクトを通して内外に向けて情報を発信することで、日本発祥の「ひとりでも、あるいは友だちや家族と楽しみながらでもできるシニアの健康法」を世界に広げることが可能だ。教室は毎月1回、2時間程度で行われている。

〔米沢栄養大学加藤教授が進めるけん玉の健康効果の科学的解明〕

けん玉には健康・抗加齢・認知症予防などに期待できる運動効果がある

けん玉を単なる遊具・玩具としてしか見ていない人、けん玉をやったことがない人には、けん玉による運動効果や健康効果は実感できないだろう。しかし、けん玉は誰もができる基本の技でも「体力やスタミナがついた」「筋力がアップした」「膝の痛みが消えた」「集中力が増した」「体幹が鍛えられた」などの運動効果・健康効果を感じている人が多い。競技用けん玉を製造している山形工房では、山形県立米沢栄養大学健康栄養学科の加藤守匡教授に依頼して、けん玉の運動量及び運動強度を測定した。加藤教授はその数値分析から、けん玉の運動効果・健康効果を科学的に解明し、さらに有望な効果・効能も指摘している。加藤教授の指摘から、けん玉の持つ可能性と未来がどんどん広がってくる。早速、加藤教授にお聞きしよう。

Q 先生はけん玉の運動効果・健康効果について、どんな点に着目されたのでしょうか?

加藤　けん玉について、最初に研究したのはどれくらいの運動量になるのかということです。当時、依頼されたのは新型コロナウイルスの感染拡大が始まり、全国で緊急事態宣言が発出された頃でもあったので、家の中での運動不足解消にけん玉が役立つのではないかという話でした。

山形県立米沢栄養大学の加藤守匡教授

もともと、けん玉は上下動を上手く使って、それを繰り返し行えば運動になるだろうと思っていました。では、どういう運動になるだろうということでリズムを変えたり、上下動の幅を変えたりいろいろ試してみました。すると「もしかめ」（大皿に玉を乗せた状態から中皿、大皿、中皿、大皿……と交互に玉を乗せ替える基本的な技。名称は童謡「うさぎとかめ」の歌詞〝もしもし かめよ、かめさんよ〟に合わせてリズミカルに玉を移動させることから付けられた）の膝曲げくらいで、普通歩行くらいの運動レベルの数値になっているので、さらに「大皿ジャンプ」（大皿に乗せた玉を真上に上げて再び大皿に乗せる技。膝の屈伸を使うことがポイント）などの動きの大きい技を取り入れるともっと運動量が増え、十分な運動量を確保できるので健康のためにも使えると思います。

けん玉のメリットはスピードや上下動によって運動量を幅広く変えることができることです。それで運動負荷を上手く調節して、楽しみ方や活用法を提案できればと思っています。例えば、けん玉を楽しみながら、まずは運動不足を解消したい人には「もしかめ」を1分間88回

けん玉の運動量の計測と評価（米沢栄養大学）

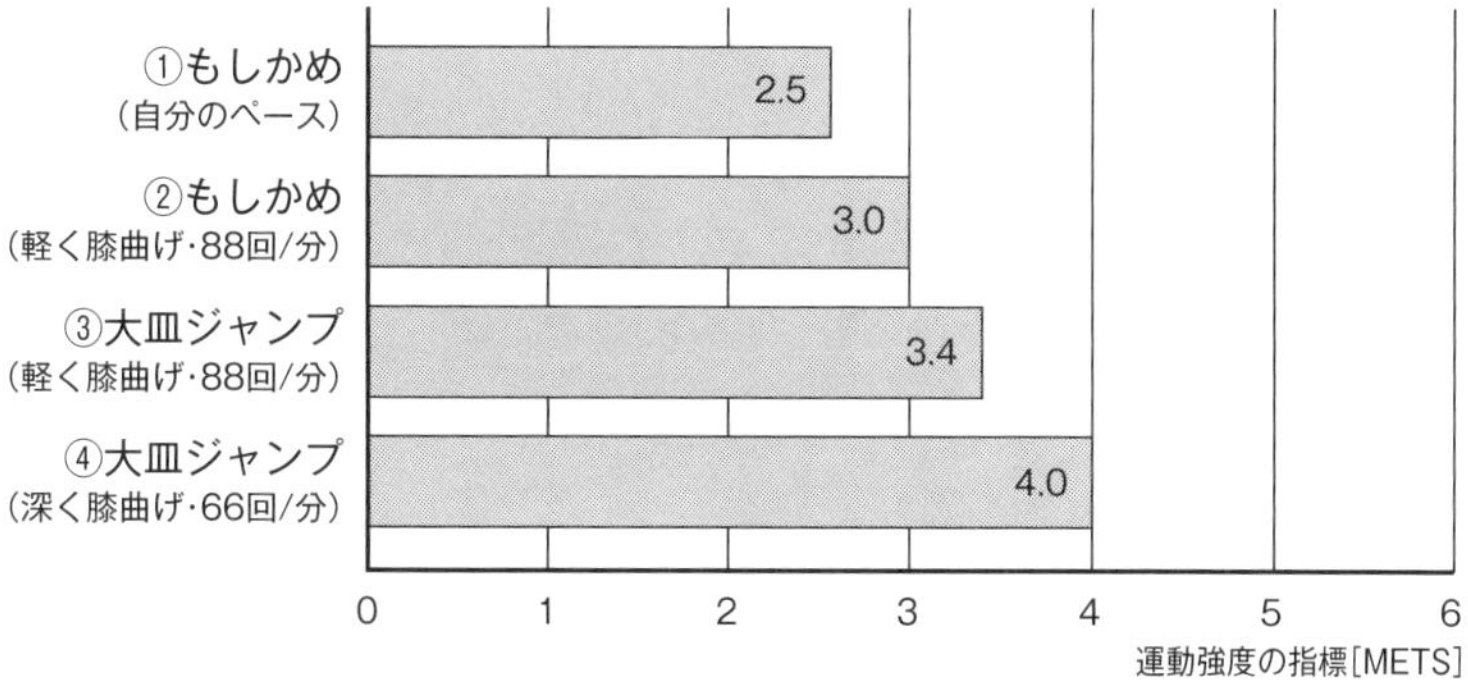

METS（メッツ）とは運動強度を示した単位。例えば、テレビを座ってみることは1.0メッツ、食事やデスクワークは1.5メッツ、料理や洗濯は2.0メッツ、ウォーキングや掃除は3.0メッツ、卓球やラジオ体操、速歩は4.0メッツ、バドミントンやゴルフは4.3メッツとなる。

実験内容

図は、山形県立米沢栄養大学健康栄養学科の加藤守匡教授が行った「けん玉実施時の運動量評価」を表す。実験に参加した人は10名で、方法は以下の通り。

①約2分間の座位(椅子に座った状態)安静の後に1分間の立位安静を行ってから、「もしかめ」を自分のペースで5分間行った。

②約2分間の座位安静の後に1分間の立位安静を行ってから、「もしかめ」を軽く膝を曲げて1分間に88回のテンポ(リズム)で5分間行った。

③約2分間の座位安静の後に1分間の立位安静を行ってから、「大皿ジャンプ」を軽く膝を曲げて1分間に88回のテンポで5分間行った。

④約2分間の座位安静の後に1分間の立位安静を行ってから、「大皿ジャンプ」を深く膝を曲げて1分間に66回のテンポで5分間に4セット行った。

実験結果

結果は、もしかめ自分のペース、もしかめ軽く膝曲げ、大皿ジャンプ軽く膝曲げ、大皿ジャンプ深く膝曲げの順に、運動量が高まることが確認された。この実験から、もしかめ、大皿ジャンプの技によって軽い運動から速歩程度までの運動量を行うことができ、けん玉の実行ペース(技を行うテンポ)と膝の上下動の組み合わせで運動量コントロールが可能なことが明らかになった。今後は、体力や目的に合わせたけん玉運動プログラムの作成も期待できる。

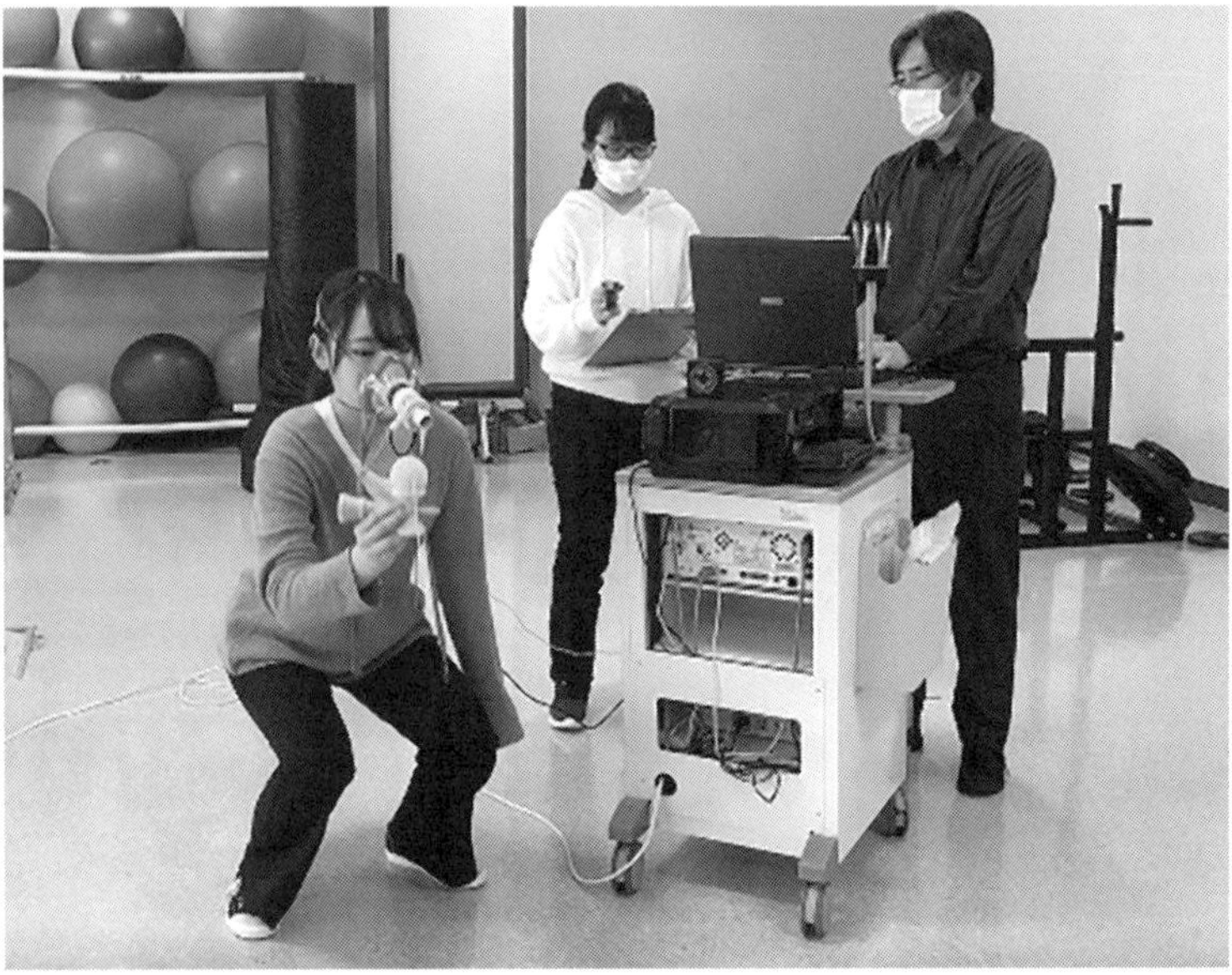

けん玉を使っての運動測定実験の様子

のテンポでやるのが良いと思います。けん玉をもっとやりたい人、けん玉でエクササイズを行いたい人には「大皿ジャンプ」などの上下動の大きい運動量の多い技を取り入れるなどのバリエーションができると思います。

けん玉のもう一つ魅力的な点は昇級・昇段の制度があることです。例えば認知症の予防も含めて運動強度4メッツ（METs）くらいの運動をすると、脳の活性化に効果があるとされていますが「大皿ジャンプ」で深く膝曲げをやると十分に脳を活性化します。ところが、それだけを繰り返すと飽きてしまいます。でも、昇級・昇段のシステムがあると目標ができて楽しみながらやることができ、継続性も高まりますので将来は認知症予防に推奨できるものになっていくと思います。

バリエーションがあり、目標があるので次のステップに行きやすくなりますね。そのほうが、小学生、中学生、社会人、高齢者など、さらに多くの人たちを対象にできます。また、家でひとりでも、家族でも、友人たちとグループで楽しんだりと、いろいろな場面で使えると思います。私の研究室で学生たちもやっています。不慣れな学生ほど上達がわかりやすいので飛びついてやっていました。若い人たちも興味を持っています。

Q 高齢者のけん玉教室で「スタミナがついた」「喘息がよくなった」「膝の痛みが消えた」などの話を聞きました。

加藤 学生たちが筋トレ（筋力トレーニング）をすると成長ホルモンが出てきます。筋トレは筋肉に負荷をかけて筋肉を壊す作業で、運動後に休養することで筋肉に栄養を補給して修復し、強い筋肉を作っていくというトレーニング方法です。若い人は成長ホルモンがあるので修復してくれますが、年を重ねると成長ホルモンの分泌が減ります。体を分解するホルモン（代表的なストレスホルモンのコルチゾール）があっても、作ってくれるホルモンがそれ以上にあれば筋肉が増えます。

高齢者は体を作ってくれる成長ホルモンが少ないのですが、最大負荷の15〜20%の軽い運動でトレーニングをさせてMRIで見ると3か月で筋肉量が増えているのです。これは軽い運動でも筋肉の量が増えるということです。それはなぜかというと、軽い運動をすると体を分解するホルモンの数値が下がるからです。体を作る成長ホルモンの量は変わっていないのですが、軽い運動がストレスを減少させて体を壊すホルモンの分泌を抑え、体を作るほうのホルモン（合成側）に傾くのです。高齢者がスクワットのような激しい運動をして膝を痛めるようなことを考えるより、けん玉で軽い運動をやってストレスホルモンを下げ、体を合成側に傾けて筋肉がつくということは十分あり得ます。決して激しいトレーニングをしなくても良いのです。

けん玉で足をすごく強くしたいという人は「大皿ジャンプ」をやった後、2日間は筋肉の修復のための休養にあてます。そうすると筋肉がつきやすくなります。壊した筋肉を戻してやるということが、強い筋肉を作るのに大切なのです。でも「もしかめ」は有酸素運動ですので、毎日続けたほうが非常に良い効果があり、効率的なトレーニング法になっていくと思います。高齢者でもけん玉で足が強くなるというのはこういう現象によって十分あり得ることなのです。

Q

高齢者のリハビリから若い人の筋力強化や他のスポーツのためのトレーニングまで、いろいろな分野で取り入れられますね。

加藤 けん玉の技にはそれぞれ上下動があり、テンポがあってバリエーションを作りやすいので非常にメリットがあります。例えば体幹を鍛え、バランス感覚を養うのにバランスボールがありますが、高齢者には危険が付きまといます。一方、けん玉は高齢者でも安全に体幹を鍛え、バランス感覚を養うことができますので最初の基礎づくりにとても良いですね。

Q

冬季オリンピックに出場した女子選手が、山形工房のけん玉を使っているシーンがインスタグラムにアップされていたそうです。けん玉をやることで集中力が上がるといわれますが。

加藤 集中力を測るのはなかなか難しいことですが、一度試してみても良いなと思います。けん玉はコミュニケーションツールとしても使えます。世界で最も信頼されている科学雑誌『ネイチャー』の論文に、コロナウイルスのまん延で外出禁止になり、孤独感が募ってメンタルヘルスを害したという記事が載っています。今はオンラインで一緒にけん玉を楽しみな

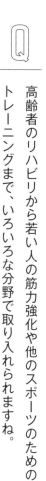

ながらコミュニケーションを取ることができます。けん玉を使って孤独感を解消できますし、コミュニケーションが取れるというのは今の時代にヒットすると思います。

今、私たちが行なっている研究で、運動による脳の血流を測定しています。脳の血流を測定すると測定場所の脳の神経活動がわかります。頭に脳の血流を測る装置を付けて実験すると、大脳皮質の各領域で脳の血流がどう変わっていくかが見えます。手足を使う運動は脳の頂上のほうで、脳の前のほうは意思や意欲に関する場所の前頭前野です、抗うつ剤はここを薬で高めるのですが、けん玉の運動量とほぼ同じくらいの運動量でも前頭前野の血流が高まります。けん玉で測定すれば同じようになっていくと思いますので、けん玉は脳を活性化させると言っても良いだろうと思います。意思や意欲、やる気が高まる……集中力とはここなのです。それを担保できる運動量がけん玉には十分あります。

それがわかったのも、今回けん玉による運動量、運動の強さを測ったからです。けん玉の技によってシニア向け、一般向け、アスリート向けのバリエーションができますが、まずは「もしかめ」と「大皿ジャンプ」ができれば良いでしょう。

ありがとうございました。非常にわかりやすく、科学的にお教えくださり感謝いたします。私も今回初めてけん玉に真面目に取り組んでみました。まだまだ初歩の段階ですが、先生にご説明いただいたことが、徐々に実感できるようになってきました。

先生のご指摘のように、けん玉の技によってシニア向け、一般向け、アスリート向けの健康法やトレーニング方法のバリエーションができれば、けん玉が人々の目指す健康で快適な生活の実現に向けた最も有用なツールとして評価されることになると思います。これからもご教示くださいますようお願いいたします。

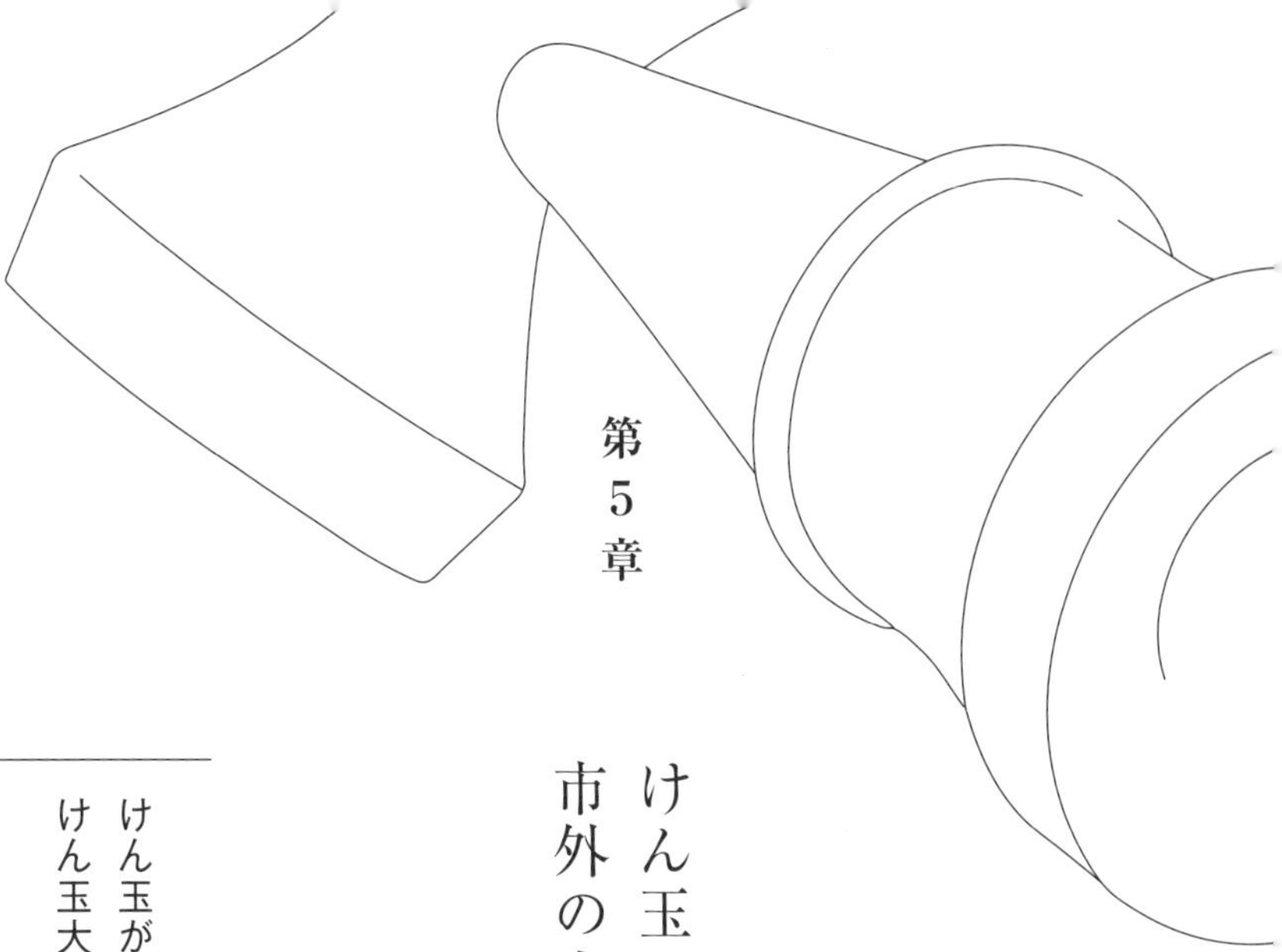

第5章

けん玉の魅力・面白さを市外の人にも伝えよう

けん玉が大好きで長年けん玉に携わるエキスパート
けん玉大好き親子や少年を取材

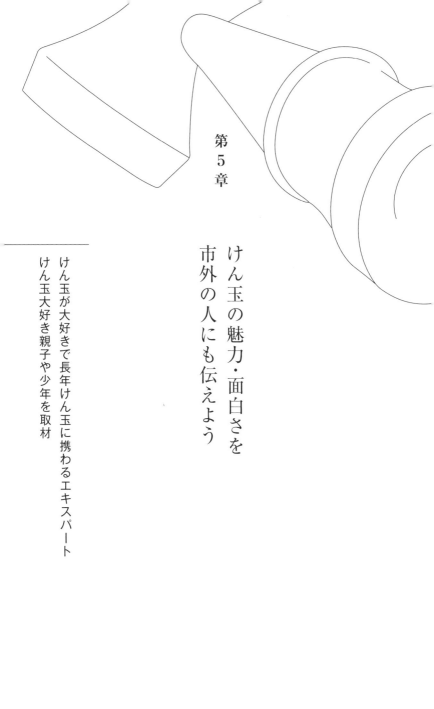

「けん玉は楽しい！」けん玉が大好きな人にとって、これに勝るものはない。けん玉に関わり続け、その魅力を存分に味わってきたけん玉エキスパート、けん玉を手にしたばかりなのに、その魅力の虜になってグングン技術を高めている人、けん玉をしたことで体力がついて自信につながった若者、けん玉を始めた我が子に触発されて再開したお父さんなど、根っからのけん玉好きにその魅力と楽しさ、面白さをお聞きした。

けん玉を通して人がつながっている長井市は温かい

四釜淳悟さん、孫田静香さん、土井沙織さん

左から四釜淳悟さん、土井沙織さん、孫田静香さん

四釜淳悟さんはけん玉を始めて30年、全国大会である文部大臣杯（現 文部科学大臣杯）全日本少年少女けん玉道選手権大会で3位に輝いたこともある、五段の腕前の実力者。孫田静香さんは四釜淳悟さんと小学校の同級生で同じ頃にけん玉を始め、仕事、家事のかたわら、け

ん玉道場やけん玉塾で指導を続けてきたお父さん（森輝彦さん）のお手伝いで、子どもたちや初心者にけん玉を教えている。土井沙織さんは学生時代の終わり頃にけん玉に興味を持ち、卒業後の赴任先がなんと長井市の学校だったそうだ。大人になってからけん玉を手にしたが、毎日楽しく練習をして今や四段のエキスパートになった。この3人の方は、根っからのけん玉好きと言えるだろう。まずは3人のお話からお聞きしよう。

Q みなさんがけん玉に取り組むようになったきっかけは何だったのでしょうか？

四釜　けん玉を始めたのは小学校4年生の頃で30年以上前になります。当時も市役所が中心になっていましたが、当時（1987年頃）の日本けん玉協会の藤原一生会長が長井市で協会公認の競技用けん玉を作っているので、長井市の小学校の生徒たちにけん玉を教えに行きたいという話がありました。受け入れてくれる学校や学年を探していたとき、先生たちが積極的に受け入れたところから始まりました。

当然、前後の学年でも始めましたが、やはりいちばん盛り上がったのが講習を受けた私たちの学年でした。その盛り上がりのまま市役所のサポートもあり、いろいろな大会をやっていただいたり、日本けん玉協会長井支部を立ち上げていただいたりしました。4年後、私が中学校2年生のときに山形県で国体（べにばな国体）があり、長井市が卓球少年の部の会場になったんです。そのデモンストレーションのマスゲームで、当時小学校6年生の子どもたちのけん玉演技がありました。ただ、その学年に限らず、大多数の子たちは小学校卒業とともにけん玉をやめていきました。

私は個人的に静香さんのお父さんの森輝彦さんなど、少数のけん玉に興味を持っている人たちと一緒に続けていました。けん玉は大人数でなく、ひとりでもできるし、2～3人いれば楽しくできるのでひっそりと続けて腕を磨きました。お陰さまで小学校から中学校までの間、全国大会に出場でき、最高で3位になったことがあります。

小・中・高校は地元の学校でしたが、大学は仙台に行きました。仙台にはけん玉の得意な仲間がいて、その人たちと一緒にけん玉を続けていました。縁あって長井市に戻って市役所に勤めるようになったので、森さんや西根のけん玉塾、あるいはけん玉ひろばスパイクに集う人たちと一緒にやっています。また、いろいろなイベントに呼ばれて技を披露しています。

孫田　私も四釜淳悟君と一緒で、けん玉を始めたのは小学生のときです。当時の担任の先生が興味を持って、学校のクラス単位で遊びながら上達するような感じで、「集中力がつくから」と言って一生懸命取り組んでいました。父（森輝彦）がけん玉を教えていたので、引っ張られて西根の虹の森けん玉塾に行きました。

また、父と一緒にけん玉で触れ合う場所やけん玉大会などに行ってお手伝いをしていました。小学生のときがいちばん一生懸命でしたが、中学校に入ると部活が忙しくて離れてしまいました。その後、地元で就職してからまた、お手伝いに行くようになりました。

四釜　西根の虹の森けん玉塾は2021年で20周年を迎えましたが、静香さんは最初の頃から来ていたと思います。

孫田　ずっと行っていたわけではなく、余裕があるときにお手伝いに行って小学生とけん玉をしたり、父が上級コースの人たちを教えているときに、低学年の子どもたちと一緒にけん玉で遊んだりしていました。虹の森けん玉大会に出場する人が少ないと「大人も一緒に出よう」と父に誘われました。

小学生のとき、全国大会の予選に出たのですが、私は本番に弱いタイプで上の大会に行く前に落ちてしまい、父はすごくがっかりしていました。緊張すると手が震えるのです。やはりメンタルの強い子どもが上に行きますね。

試合よりも、けん玉ひろばスパイクやけん玉塾などで初めて触れる人たちに楽しさを伝えることのほうが私には合っているようで、競技のほうはあまり得意ではないですね。スパイクファミリーの活動の中で女性メンバーから、「地域おこしでけん玉をしているのだけれど、女子が少ないので女子部という形で一緒に参加してもらえませんか?」と声をかけていただきました。けん玉をずっとやってきたので、参加させていただきました。みんなと一緒にイベントを回ったり、小学校の学年行事を手伝いに行ったりなど、今も続けています。

土井　私は鶴岡市の出身で長井市の人たちのように小学校の頃からけん玉を練習する環境にはありませんでした。始めたのは大人になってからです。子どもの頃、家に民芸品のけん玉があって触ったことはありました。小学校の教室には共用のけん玉が置いてあり、上手な子はやっていましたが、私は特に練習したことがなく、「触った記憶があるな」という程度でした。

高校を卒業して、東京で大学生活を送っていました。今から5年くらい前に大学のジャグリングサークルの体験コーナーに参加する機会があり、技はできないのに黙々と練習するということがすごく楽しく感じられて何かやりたいと思っていました。そして、次にけん玉に触れたのは、大学卒業後、仕事で長井市に赴任する半年ほど前です。偶然、家の近くの本屋さんで競技用けん玉を売っていたので、それを買って気分転換にちょっとやってみました。でもひとりでやっていると飽きがくるので、仲間でやってみたいなと思いました。

その後、勤務先の配属が長井市の学校になって、長井市のことを調べてみると、なんとけん玉が盛んだということがわかりびっくりしました。長井市でけん玉イベントに参加させていただいているうちに、「一緒に活動を」とお誘いいただきました。微力ですがイベントのお手伝いをさせていただくなど協力させていただいています。仕事とは別に好きなことに関われて幸せだと思います。きっと長井市に縁があるのですね。

Q けん玉を続けていて良かったことはなんでしょうか?

孫田 40歳を過ぎて、父とまた、遊べるというのは、それはそれで良いなあと思いますし、家族が仲良くいられるのも良いことだと思います。私がうれしいなと思うことは、学童たちと触れ合う中で、技ができたときの「乗った!」「気持ちいい!」など、うれしそうに言う子どもたちの笑顔ですね。大人もそうですが、玉がお皿に乗るとうれしいですよね。初めて会って、数分でハイタッチします。そういうのを見ていて楽しいなと思います。

四釜 全く知らない子どもたちで、技ができるとうれしくて、1時間もけん玉を手離さない子どももいます。子どもの集中力は、やはりすごいです。楽しいのでしょうね。目がキラキラして、まったく飽きていないことを物語っています。

Q 中学生、高校生になって部活や勉強で忙しくなると、けん玉から離れてしまうことが多いようですね。そのときにも続けてくれるといいのですが……。自分が親の世代になったときに、子どもたちに面白さを感じてもらうとか、集中力をつけてもらうとか

できればいいですね。

四釜　小さいうちにけん玉を始めたということは大きいと思います。大人になってから始めて上手になる人は稀です。その点、土井先生は珍しい。練習量がすごいですからね。

孫田　私も小学校のときより上手くなりましたけど、それだけをやっていられないですからね。仕事も家事もありますし……。

土井　私は仕事以外はけん玉だけをやっていました。（笑）

四釜　毎日できるのはいいですよね。イベントなどのときにしっかりやれるのもいいです。

私たちが子どもの頃はゲームもそんなに多くなかったのですが、「今の子どもたちはゲームがたくさんあり、さらにスマホもあって選択肢がいっぱいあるから」とよく聞きます。ですから、それに勝るけん玉の魅力を伝えないとなかなかやってもらえないのかなと思います。でも、いろいろなところにけん玉が広がって、大会がたくさん開催されていますね。ワールドカップもその一つです。インターネットは影響が大きいですね。ユーチューブ、ＳＮＳなどのツールが増えて、子どもたちもよく見ています。

地域おこし協力隊員としてスパイクの管理人を務め、市民にけん玉を教えている秋元

Q 悟さんは、「最近は地方でも、すごく上手な子が出てきて実力が拮抗している。その要因として、スマホがあり、ユーチューブやSNSでいつでもお手本の動画が見られて、練習ができるから」と言っていました。

孫田 私たちが子どもの頃は、もっぱら本を見ていました。

四釜 大会に出て、初めてタイムを競う競技では、「どうやってやるんだ？」と戸惑いましたが、今はいつでもスマホで動画を見て真似ができ、練習できますからね、それは大きいです。

孫田 我が家の子どもも陸上競技に興味があり、動画を見て練習方法やスタートダッシュのやり方を研究しています。

四釜 人のプレーを見ることもありますが、スマホで自分のプレーを見ることもできますね。自分たちのときはビデオカメラもそこまで普及していなかったですからね。その違いは大きい。

Q そうした情報を長井市から発信するのもありですね。けん玉で活動して地域として良くなったことはありますか？

四釜　イベントをやると市内の人だけでなく、市外の人にもＰＲできるのが良いですね。けん玉は人をつないでくれるツールでもありますね。

土井　けん玉スタンプラリーやけん玉チャレンジなどのようなお店巡りイベントが良いですね。一緒にお寿司屋さんに行って、そこでチャレンジしてお得なプラスアルファがあったり、けん玉で遊べたり、そういうのは楽しいですね。そういう企画は市内の人はもとより、市外の人も楽しいと思います。

孫田　美味しかったとなれば、また行くかもしれないし……。

土井　今まで行ったことのないお店だけど、チャレンジやスタンプラリーをやっているお店なら安心していけそうとか……。

四釜　「チャレンジやっているんだ⁉」「お店に行ってみよう」と来店のきっかけになりますね。

土井　市内にいる人は気づかないかもしれませんが、子どもからお年寄りまで、けん玉を通して人と人がつながっている長井は温かい地域だなあとすごく感じます。

孫田　けん玉の質も、今は私たちが小学生のときに使っていたものと全然違います。私は小学生の頃、玉の上にけんを乗せる「灯台」という技が苦手で、玉の上でけんがツルツル動いてどうしてもできなかったのですが、今の山形工房さんのけん玉は塗装も素晴らしくてピタッと止まってくれます。

四釜　やはり、けん玉自体も進化していますね。

孫田　お皿が大きくなった福祉けん玉「大晴」も出ています。高齢の人の健康づくりにいいですね。「バイカモンけん玉クリニック」では常時20人くらいのシニアの方が参加していますが、皆さんとても元気で、すごく集中して練習しています。

四釜　教室に参加されているシニアの方が市民大会に来られましたが、すごくお元気でした。また、「歩けなかった人が、多少ですが歩けるようになった」という話も聞きます。

一つは健康、もう一つはコミュニケーションの場として、年齢を問わず楽しく人と触れ合えます。

孫田　イベントを若い世代に広げて、けん玉を通じて新しい出会いがあるといいなと思います。実際にけん玉で知り合って結婚された方もいらっしゃるし、素敵だなと思いました。

四釜　高校や大学の学園祭などに呼ばれることがあまりないので、足を延ばして学園祭のイベントで普及してみたいなと思います。けん玉の魅力、楽しさ、面白さを市民が市外の人たちに伝えることでけん玉文化が広がり、長井市のことをより多くの人に知ってもらえるし、長井市にも来てもらえます。

土井　年を取っても、ひとりでも、「バイカモンけん玉クリニック」の教室に参加する人たちのようにつながることができるので、長井市から出ることになっても練習を続けようと思います。そしてまた、長井市に来て一緒にけん玉をやりたいです。

大変貴重なお話をありがとうございました。今はインターネットがあり、離れていても、いつでもオンラインで一緒に練習したり競い合ったりできますね。皆さんのお話は世代を問わず、多くの人に聞いてほしいですね。

「けん玉の魅力、楽しさ、面白さを市民が市外の人たちに伝えることでけん玉文化が広がり、長井市のことをより多くの人に知ってもらえるし、長井市にも来てもらえる」。まさにその通りではないかと思います。

親子で市民けん玉大会出場、見事に優勝と3位を獲得

孫田繁樹さん、孫田大河《たいが》君

お父さんの孫田繁樹さんは1986（昭和61）年生まれの36歳で、息子の大河君は小学校5年生（以下、年齢・学年は2021年時点）。お父さんは小学生の頃からけん玉をやっていたが、中学生になるとその機会が減っていつしかけん玉を手にすることがなくなってしまっ

た。再開したのは長男の大河君が小学1年生になってけん玉を始めたのがきっかけで、大河君と一緒にやってみようかと思ったからだ。

孫田さんは第1回長井市民けん玉大会に出場して4位だったが、第2回大会には親子で出場し、見事優勝。息子の大河君も3位に入った。実力はどちらも同じ二段。互いに切磋琢磨していているそうだ。

Q お父さんは長いブランクの後で、腕は錆びついていませんでしたか？

孫田　やり始めて、技はそうでもなかったのですが、そのときは一級に受かるかどうか程度の実力しかありませんでした。1級のレベルは、長井市では割とみんな普通にやります。小学生でもけっこう認定を取れるでしょう。

大河君　小学校でも男子の半分くらいは1級を取っています。

孫田　その上の段に行くとかなり減少します。

孫田大河君とお父さんの孫田繁樹さん

Q 大河君に練習時間を聞いたら、「するときとしないときがあり、するときは20～30分くらい」とのことでした。小学生は急速に上手になるといわれますが、お父さんから見て大河君はどうでしょうか？

孫田 確かに大河を見ていると1年生のときはそうでもなかったのですが、2年生に入って急にコツをつかんだのか成長し、2年生のうちに二段を取れました。そのあと少し伸び悩んでいるようですが……。

Q 第1回大会の優勝者は当時小学2年生の青木小羽さんで、あっという間に四段になったそうです。小学生は2～3年生頃から急に上手くなるようですね。

孫田 1年経つと別人になるという感じです。人前に出ることに慣れていなくて、緊張して実力が発揮できない子どももいます。きっと上位にくるだろうなという子が予選で落ちることもあります。ところが、人前に出ることに慣れて度胸がつくと、どんどんできるようになっていきます。

大河君　大会では緊張しました。でも、なんとかなりました。

Q　けん玉で楽しいと感じることって何だろう？　また、持ち技はどのくらいあるのですか？

大河君　技が成功したときの達成感というか、うれしさが楽しいです。
　持ち技は50種類くらいかな。組み合わせでいっぱい種類ができるから、数を聞かれても難しいです。

Q　第2回長井市民けん玉大会で優勝できたポイントは何でしょう？

孫田　実は、けん玉大会ができたら出てみようと思っていました。大会があれば練習しますからね。個人もですが、小学生はチーム戦もエントリーできるので、大河に学校の中で上手い人を3人見つけてくるようにと言いました。
　大会での技の種類は事前にわかっていたので、その練習をしましたが、決勝戦ではその場のくじ引きで競う技が決まるので、正直なところ運もあったと思います。決勝は逆転が重なったり長引いたりしました。本来なら早く決められたはずの技もお互いに緊張して調子が出ませんでした。でも、優勝できて念願が叶いました。前回は4位で入賞を逃がしましたので、今回は良かったです。

けん玉を再開するまでブランクがあったので、以前の状態に戻すのに時間がかかりました。でも、練習を再開して、今までできなかった技ができるようになったという達成感もありました。息子がちょうど伸び盛りだったので、お互いに成長していくのがわかりました。

Q　一緒に成長していくという実感があるのはとても良いと思います。大河君はお父さんもけん玉を始めたことをどう思います？　どちらが上手いのでしょう。

大河君　今、2人とも二段で、同じくらいの実力だと思います。

孫田　二段は、もしかめを300回続けます。失敗するとゼロからやり直しです。認定の技にはそれぞれ10回チャレンジできて、段位が上がるほど同じ技の規定回数が増えます。例えば1級だと同じ技を10回中3回成功させれば良いのですが、初段では4回と精度を上げていかなくてはなりません。

Q 親子で段位を取るってすごいですね。ところで、苦手な技はありますか？

大河君　はい。うらふりけんです。

孫田　昇段試験くらいでしかやらない技で、応用が利かないので連続技には、ほとんど組み込まれないですね。

Q ご家族でもけん玉をやるのですか？　また、愛用のけん玉はありますか？

孫田　大河の下にもうひとり小学生の息子がいます。家の近くのコミュニティセンターでやっているけん玉塾（虹の森けん玉塾）がありますので、下の子はそこに行ったりしています。そこでも時々私や大河が一緒にやります。

下の子が上手になって、親子でけん玉大会の1位、2位、3位を取れればいいなと思います。下の子は2年生で、もう少し練習が必要です。

お気に入りのけん玉はあります。競技用けん玉の2本は市長杯（長井市民けん玉大会）に向けて買ったものです。他にもけん玉はありましたが、ちょっと気合を入れようと思いまして。

大河君　僕が愛用しているのは、玉が白と黒のけん玉です。白と黒のところが見やすいし、皿

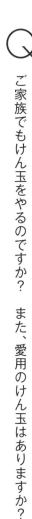

が普通のけん玉より大きいからです。

孫田　細かいことを言うと、玉の穴は普通黒で、穴の周りも黒っぽくなります。でも、その周りが白いと回転しているときも穴の位置が、白と黒の濃淡がはっきりするから見やすいのです。だから、穴の周りが明るい色のほうがいいのです。

色もですが、玉の塗装によって滑りやすいものと滑りにくいものがあります。よく見かける赤、青などの光沢のあるものは滑りやすく、マットのほうがやりやすさが格段に違います。ルール上ＯＫのもので性能の高いものを買っています。愛用しているのは山形工房さんのいちばん新しいタイプです。間違いないのが日本けん玉協会認定のけん玉で公認のシールが貼ってありますので、それをお勧めします。他にけん玉大会の景品でいただいたものもあります。

大会ができると目標になるのでいいですね。大会が近くなると気持ちが盛り上がって練習時間が増えます。

Q 二段ともなるとけん玉の先生ですね。

大河君　はい、学校の先生から「初めての子どもや、まだ上手でない子どもに教えてあげて」

と言われたときは教えてあげています。先生から「自分にも教えてくれる？」と言われることも時々あります。

ありがとうございました。ぜひ、いろいろな人にけん玉を教えてあげてくださいね。そしてけん玉の楽しさを伝えてください。次回の大会も頑張って、そして、ともに昇段してくださいね。応援しています。

小学3年生で10代最高位の五段に昇格、技もアートも素晴らしい

小笠原和志君

小笠原和志君は現在（２０２１年）小学校３年生。けん玉を始めたきっかけは、小学校１年生のときの５月に行われた黒獅子まつりのイベントのクジで当たった賞品がけん玉だったこと。けん玉を手にして、すぐに検定７級が取れたが本気ではなく、けん玉イベントを楽しんでいた。その後、新型コロナウイルス感染が拡大して学校が休みになったが、家にいてもすることがないのでけん玉を始めたのが２０２０（令和２）年の３月頃だった。そして、３月中に６級、４月に５級、７月に４級、８月に２級と１級、準初段、11月に初段、12月に二段、翌２０２

小笠原和志君とお父さん

1年1月に三段、2月に四段を取得、五段は2回失敗したが8月に取得した。ものすごい昇級・昇段スピードだ。

　現在の段位制度では10代は五段までしか検定を受けることができず、20歳以降も最高位は六段で、七段以上は名誉段位となっている。小笠原和志くんは小学校3年生で10代の最高位に位置している。現役最高位の六段はごくわずかな人しかいないそうだ。（長井市ではけん玉ひろばスパイク管理人でけん玉の指導をしている秋元悟さんが六段）

「けん玉にはいろんな技があって、それができるようになると面白くなり、次へ次へと進んでいきます。日本けん玉協会主催の文部科学大臣杯全日本少年少女けん玉道選手権大会の西東北大会では準優勝しました。8月のけん玉ワールドカップは全体で288位で、年代別の7〜9歳のカテゴリーでは10位でした」とお父さん。和志君は、2022年3月21日に行われた第3回長井市民けん玉大会のエキスパートクラスで優勝し、長井市長杯を獲得した。

Q 日本人のワールドカップ優勝者は小学校6年生でプロ契約をしています。和志君も大いに可能性がありますね。ところで和志君の持ち技と練習時間はどのくらいですか？

和志君　段の試験に必要な技は全部できます。練習は一日に1時間くらいで、毎日ではありません。けん玉以外に学校の部活で野球をやっていて、親は「ちゃんと勉強もして宿題が終わればけん玉をやっていいよ」と言います。遊びに行くためにパッパッとやっています。

Q けん玉をやって集中力がついた、発想が豊かになったなど、変わってきたことはありますか？

お父さん　技を覚えるときは集中していますね。同じことをずっとやっています。

和志君　そう！　できるまで何度でもやります。

お父さん　一生懸命やっているところをけっこう見ているつもりですが、知らないうちにいろいろな技ができているのです。

和志君　何度も練習しているうちに、いきなりできるようになります。

お父さん　技の名前も覚えられないうちにできているのです。母親も和志がけん玉をやることを喜んでいます。「何でも有名になれ」と叱咤激励しています。

Q すごく理解のあるお母さんですね。和志君の技を見ていると、全身を使っていますね。また、玉をしっかり見ていますね。

和志君 ちゃんと見るのは基本だから。

Q やっぱり。しっかり見るということが大事なのですね。ところで、けん玉はたくさん持っているのですか？

和志君 けん玉は50本くらいあると思います。半分以上がもらったものだけど、買ったものでいちばん高いのは7千円くらいです。デザインが気に入っていますが、色や模様が良いと値段も高くなります。

次は日本けん玉協会主催のＪＫＡ杯に出ます。地区予選に勝てば全国大会に出られますが、去年は技が難しくて緊張しました。今年は大丈夫です。また、長井市の市民けん玉大会にも出ます。でも、予選敗退したら恥ずかしいよね。

Q 第1回けん玉ワールドカップで3位（日本人最高位）になった秋元悟さんは、「勝ちたい緊張と、負けられない緊張があり、この二つの緊張は違う」と言っていました。負けられないというプレッシャーに勝たなければいけないですね。

和志君 次は多分緊張しないと思います。

お父さん 段も上がってきて「負けられない」というプレッシャーがあるかもしれませんね。

和志君 相手が強い人だと緊張すると思うけど。JKA杯は予選が50点の構成で上位の8人が決勝を争います。すごい緊張感があって、決勝では手が震える人もいます。そうなると簡単な灯台などの技もピタッと止まらないこともあります。

Q 日本けん玉協会が主催する大会はけん玉ワールドカップと違って音楽がなく、シーンとした会場でけん玉の音だけが響くような本当に緊張感のある大会ですね。

お父さん 「礼で始まり、礼で終わる」という武道のような精神で、まさに「けん玉道」なんですね。

和志君 日本けん玉協会の大会は、技は簡単だけど失敗できない。確実に成功させなくてはいけないというプレッシャーもあるけど、もう緊張しないから大丈夫だと思う。

確かに段位が上がれば簡単に負けられないですね。それだけプレッシャーも大きい。でも和志君はそれをものともせず、前に進んでいくでしょう。2021年に行われた日本けん玉協会主催の第19回けん玉ペインティングコンテストでは特別賞を受賞している。けん玉の技はもちろん、アートも素晴らしい少年です。

けん玉で体幹が強くなり、足が速くなった！

金田紘君

金田紘君は高校2年生で17歳。小学校1年生のときに、全員がけん玉を持って活動するという学校のけん玉教室があり、最初は本当に遊びとして適当にやっていたそうだ。4年生くらいから本気でやり始めたので、けん玉歴は8年目だという。小学校4年生から本気になったのは、ちょうどその頃、お父さんがべにばな国体のデモンストレーション演技を行ったメンバーで、べにばなレジェンドとして活動し始めたのを見て、面白そうだと思ったからだという。子どもが父親の活動を見てけん玉に本気で打ち込む。父と子の絆が感じられる。

Q **お父さんに、べにばな国体の頃のお話をお聞きしましたか？**

金田君　はい。そのときに着たユニフォームを見せてくれました。小学生のときから祖母が大事にとっておいてくれたそうです。

Q **けん玉の面白さとは、どんなところですか？　また、練習は毎日やっているのですか？**

金田君　やはり技ができたときの気持ち良さと言いますか、練習すればするだけちゃんと上手くなっていくところだと思います。小学校ではあまり勉強をしませんでしたが、けん玉の練習は、ほぼ毎日していました。中学校に進んでからは部活や勉強が入ってきたのであまりけん玉を手にできなくなってしまいました。部活は中学校で野球をしていましたが、高校ではバドミントンをしていますので、そちらにかなり時間を取られます。バドミントン

金田紘君

は、ほぼ毎日3時間くらい練習しています。それから帰宅して勉強もあるので、最近ではけん玉を手にするのは本当にたまにです。

Q　けん玉をやってきて今の生活に活かされていることはありますか？

金田君　体幹が強くなりました。母にも言われますが、背が高くなく、足も遅いほうだったのですが、けん玉をやり始めてから体幹が鍛えられて足が速くなり、走り出すと曲がる癖があったのが、まっすぐ走れるようになりました。

Q　けん玉は脚、膝、腰も使い、全身運動になりますよね。

金田君　そうですね、何もやらない人よりも、はるかに体力がついています。

Q　父子でけん玉をされていますが、お母さんもけん玉をしていますか？

お母さん　私は主人の2歳上ですが、私が小学校6年生のときにべにばな国体の話があり、長井でけん玉を使ってデモンストレーションをやるので「みんなでけん玉を持とう」ということになり、小学生全員で持ち始めました。私は基本的なことしかできずにやめてしまいましたけれども西根地区にはその伝統がずっとあるので、今も弟や妹たちが小学校で一生懸命にやっています。また西根地区コミュニティセンター主催の虹の森けん玉塾があり、そこの大会があるときは夢中になって練習しています。

Q けん玉塾やけん玉教室での様子はどうですか？

金田君　威張っている人を見たことがありません。上手な子がいると「自分もそうなりたい」と頑張って練習しますし、上手な子も、初めての子や年下の子にやさしく教えています。虹の森けん玉塾の大会には中学校3年生まで出ていました。

Q けん玉の実力は維持していますか？

金田君　今は三段ですが、練習をしていないとやはり腕が落ちます。同じ技でも「前はできていたのに」という戸惑いがあります。でも、ちょっとやれば体が思い出して元に戻ってきます。

Q 得意技はありますか？　また、新しい技を編み出すとか？

金田君　これが得意技といえるものは、まだ見つけられていません。ひと通りの技はある程度ですが全部できます。すごい技を創ってみたいと思ったことはありますが、発想力があまりなくてまだできていません。今後の課題の一つかもしれませんね。

金田君はとてもやさしい人ですが、内に秘めた熱い思いや闘志がひしひしと伝わってきます。中学校で野球、高校でバドミントンと、かなり激しいスポーツできつい練習をしているようですが、けん玉で培われた筋力、スタミナなどが活きていますね。ぜひこれからも折に触れてけん玉をやっていただき、子どもたちにも教えてあげてください。きっと良い指導者になると思います。活躍を期待しています。

けん玉で培った集中力で、漢字テスト100点を取った！

深澤楓介君

深澤楓介君は小学校4年生で10歳。幼稚園の年長くらいからけん玉を始めて、けん玉歴は5年。現在、準初段。けん玉を始めたきっかけは友だちがやっていて、自分もやってみたいと思ったからだそうだ。小学校ではけん玉クラブに入っていて、けん玉は先生が教えてくれるが、普段はみんなで自由にやっている。部員は7人で同じ学年の4年生は2人。妹の恵莉さんも、たまにけん玉の練習をしているそうだ。

深澤楓介君と妹の恵莉さん、お母さん

Q 楓介君はけん玉イベントとか大会には参加していますか?

お母さん　大会とかイベントには参加するようにしています。山形ふるさとCM大賞の応募で、市役所の前に大勢の市民が並んで大皿リレー(大皿ドミノ)を行う企画があり、親子で参加しました。残念ながら記録更新はなりませんでした。また、学校の行事でもけん玉大会がけっこうありますし、親子行事でもけん玉イベントがありますので参加しています。

今回、初めてでしたが大皿カップリレーとけん玉ペインティングに参加しました。大皿カップリレーは子ども対親のグループ対決で、双方が並んでどちらが早くゴールできるかを競うのですが、子どもたちが勝ちました。

ペインティングはけん玉大会やけん玉イベントなどの行事があるとコンテストが行われます。また、夏休みの宿題や校内の学年行事でもペインティングがあり、自由な発想でペイントします。夏休みに長井市内でもペインティング大会がありますが、そこにはまだ出たことがありません。

Q どんな絵や模様を描きましたか?

楓介君　太陽と月のようなものを描きました。

Q 家族で一緒にけん玉をやることがありますか?

お母さん　私はあまりできないのですが、父親は多少できるので一緒にやることもあります。けん玉に夢中になって一生懸命にやることで集中力がついてきたと思います。いろんな技を決めたりして頑張っている姿は好ましいですね。集中力の向上につながるので、長く続けてもらいたいなと思っています。

Q 級とか段の取得にチャレンジはしていますか？　また、勉強はどうですか？

楓介君　はい、チャレンジしました。今は準初段です。基本的な技は全てできます。初段の検定を受けたいのですが、なかなか機会がなくて間が空いてしまっています。

お母さん　けん玉ひろばスパイクにも何回か通わせてもらって上達したのかもしれません。勉強はちゃんと頑張っていますので、その点は安心しています。

楓介君　勉強は国語が好きです。

お母さん　この間も全校漢字テストで100点を取ったのが自信になっているようです。特に教えたり、やらせたりはしていなかったのですが、自然な感じで取り組んでいたので不思議だなあと思いました。「やってみろ、やってみろ」と強制したわけではなく、自分で考えながらやっていたのです。

Q 自主的にやっていたのですね。素晴らしいと思います。けん玉が勉強にも活きているからいいですね。

お母さん 第1回長井市民けん玉大会の市長杯で、仲良くなったお友だちもいて、その影響もあると思います。

楓介君 学校のクラブの練習は週に1回、約45分間です。初めて入ってくる子どもにもけん玉を教えてあげています。けん玉は楽しいです。クラブの日が楽しみです。

お母さん 今度の市民けん玉大会に出ることをとても楽しみにしています。

楓介君 けん玉大会、頑張ります。

ぜひ頑張ってくださいね。国語の漢字テスト100点は、簡単に取ることはできないですね。けん玉をしていて、本当に集中力が高まったのでしょう。漢字検定にもチャレンジして、ぜひ全国トップを目指してください。自分で考えて長所をどんどん伸ばすことで自信が湧いてくると思います。けん玉も勉強も良い成績を取ることを期待しています。けん玉もやりながら、漢字もナンバーワンを目指してくださいね。

「小学生の子どもがけん玉をしているのを見て、一緒にやろうと再開したお父さんとその息子」「小学校2年生から本気で始め、約1年半で一気に現役最高位の五段に昇格。ペインティングでも賞を取った小学校3年生」「体幹が強くなり、部活のバドミントンで頑張る高校生」「培った集中力が漢字テストで活きた小学生」など、けん玉が大好きな人たちのエピソードはいかがでしたか？

けん玉に熱中することで親子の絆が深まり、新たな友だちができ、集中力が高まり、体力がつくなど、まさにいいことづくめ。さらに、けん玉や部活、遊びのために勉強を手際よくやり、自分で考えて行動する主体性や自主性が養われるなど、さまざまな好影響が現れている。彼らがけん玉を通して他の人々（大人、シニア世代の人たち）とのつながりや絆を築き、けん玉文化に誇りを持ち、持ち前の熱意で積極的、主体的に活動することによって世界に活躍の場を広げたり、いきいきとした暮らしやすいまちづくりの担い手となっていくのではないだろうか。教育や日常生活の中で確かに、けん玉の有意義な効果が活かされ、才能豊かな人々が育っているようだ。

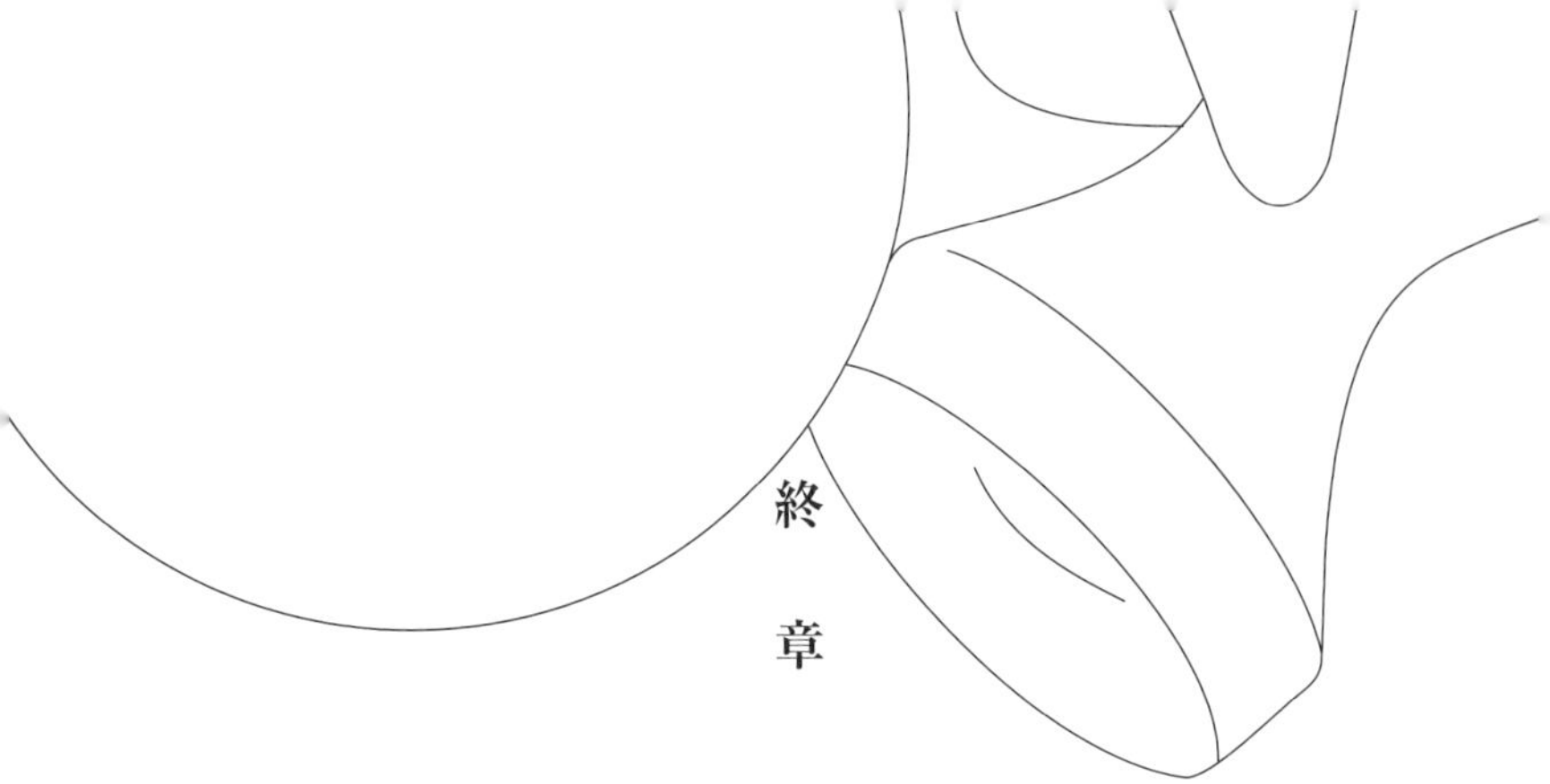

終章

市民のみんなが けん玉大使に！

これまでの取材から見えてきた長井市の
けん玉によるまちづくりと未来への可能性

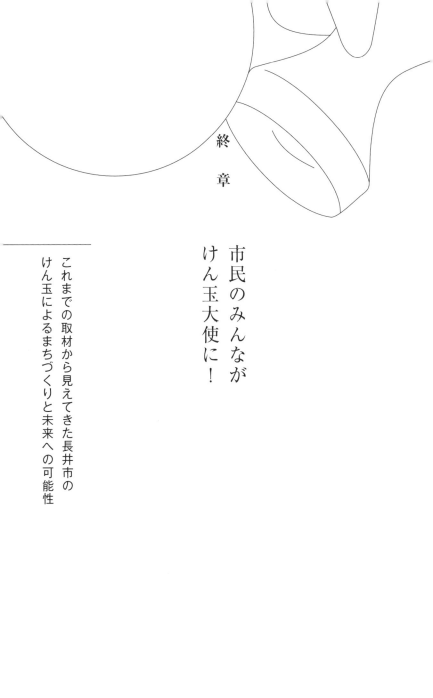

人口減少が進む長井市は、まちづくりの指針となる第５次総合計画の後期基本計画を策定。市の将来像を「みんなで創る　しあわせに暮らせるまち　長井」と描き、人口減少に歯止めをかけるため、「子育て世代の定着化」に向けた取り組みを重点化。その実現に向けた戦略として、（１）「世界へ挑戦できる子どもが育つ！　長井の子育て魅力ＵＰ戦略」、（２）「便利で快適に暮らせる！　長井のまちなか魅力ＵＰ戦略」、（３）「豊かな暮らしを実現できる！　長井で働く魅力ＵＰ戦略」を掲げている。

世界に挑戦できる子どもたちが育つ

世界でブームを起こし、愛好者を増やし続けているけん玉は、長井市と市民にとって、とても有効なアイテムと言える。長井市では世界大会の開催を視野に置くとともに、２０１６年にギネス世界記録にも挑戦し、世界一を達成した。紅白歌合戦で大皿ドミノでのギネス世界一記録は破られてしまったが、市民はけん玉で世界に挑戦できることを知った。特に子どもや若い人にとって、「自分たちでもできることがある」と知ったことは大きい。

２０２１（令和３）年、「けん玉ひろばスパイク」の管理人を担う地域おこし協力隊員に、アメリカ人のシェルビー・ブラウンさんが着任した。シェルビーさんは、アメリカ南部アーカンソー州の出身で、福島県石川町で保育園から中学生までの子どもたちにＡＬＴ（外国語指導助手）として4年間英語を教えていたときにけん玉を知り、けん玉の楽しさ、面白さにはまったと言う。彼は、地域おこし協力隊としてけん玉教室での指導のほかに、ＳＮＳを通じて日本語及び英語での情報発信を行っている。子どもたちはシェルビーさんと練習することで、けん玉を通して外国の人と英語に慣れることができる。また、長井市で世界中のけん玉の情報を集め、発信することによって、長井市が世界の情報ステーションとして機能することができる。

２０２２年には、２０１８年のけん玉ワールドカップ優勝者（ニック・ギャラガーさん）も新たな地域おこし協力隊として着任した。世界中のけん玉愛好者から注目を集めているトッププレーヤーとも日常的に触れ合える環境を整える。これは、子どもたちをはじめ、市民にとっては世界という壁を乗り越える絶好の場を得ることになる。また、関係者は国内外の多くのけん玉愛好者が長井市を訪れてくれると期待を寄せている。長井市のけん玉少年や少女たちは、小さい頃からユーチューブやＳＮＳの動画で世界のトッププレーヤーの技を見てきており、外国人と触れ合うことに違和感がなく、語学の壁も容易に乗り越えられると思われる。子どもたちに、自分が世界のけん玉文化の最先端のまちにいて、「世界に挑戦できる」「世界で活躍できる」という意識が芽生え、子どもたちと地域の未来にとって大きな財産となるだろう。

市民が参加するいきいきと暮らせるまちづくり

これまで長井市で行われてきたけん玉に関わるさまざまな事業、愛好者の体験、研究などから、保健・医療・福祉分野、子育て・教育分野、生涯学習・スポーツ分野、経済産業分野、協働のまちづくり分野などで大きな効果が期待できることがわかってきた。それは健やかにいきいきと暮らせるまちづくり、未来を担う子どもが育つまちづくり、心豊かで元気に暮らせるまちづくり、資源を活かした活力を生み出すまちづくりなどに、多いに役立つ可能性を秘めている。

市民を主役に市（行政）が一体となって進める「長井けん玉のふる里プロジェクト事業」はまさに市民と行政の協働によるまちづくりへと進んでいる。

２０２０年にけん玉が長井市の「市技」に定められ、けん玉好きで知られる演歌歌手三山ひろしさんが「長井市けん玉大使」を委嘱された。三山さんのＰＲによって「けん玉のまち長井」の知名度は高まっているが、次は市民のみんながけん玉大使になることで、市民が長井市とけん玉文化に誇りを持ち、けん玉の持つポテンシャルを活かして「みんなで創る　しあわせに暮らせるまち」づくりに参加することができるのではないだろうか。

ＩＴ化が進み、世界と瞬時に情報交換ができる社会では、語学とスキルを磨くことによって、地方都市であっても世界の情報ステーションとなり、情報、文化、最新の先端テクノロジーの中心地となることができる。世界に広がるけん玉文化の発信地である長井市にはそれが可能だ。

けん玉のひびきは平和のひびき

まえがきでも触れているが、日本けん玉協会の創設者である藤原一生さんが残し、ご自身も「大好き」だったという「けん玉のひびきは平和のひびき」という名句がある。

今では世界中で多くの人々がけん玉を愛好するようになったが、藤原さんは、けん玉を競技・スポーツとして築き上げようとし、健康増進とともに、人と人をつなぐコミュニケーションツールとしての役割を重んじてこられたと思う。

けん玉には「支えあう」「切磋琢磨して讃え合う」「楽しむ」という要素がある。けん玉を通して多くの出会いがあり、人と人をつなげ、子どもたちからシニアまで世代を超えて、人と人の絆を強くしてくれる力があると言われる。けん玉は、ひとりでもできるが、複数でもできる。

言葉が通じなくても、ともにけん玉を楽しむことで盛り上がれるし、コミュニケーションが図れる。人との出会いは人生を豊かにしてくれるが、その最も効果的なツールの一つがけん玉だ。

藤原さんは、コミュニケーションツールとしてのけん玉で、世代や性別、人種、国を越えて人と人の絆を強め、お互いの理解を深めて平和を実現してほしいと願って、その思いをこの句に託したのではないかと思う。長井市の街角から聞こえてくるコン、コン、コンというけん玉のひびきは、まさに平和のひびきではないだろうか。

けん玉が大好きな人も、これからけん玉を始める人も、「けん玉のまち長井」で、ぜひ多くの人と出会い、ともに楽しんで人生を豊かにしてください。そして、けん玉の魅力と長井市の素晴らしさを存分にご堪能ください。

長井市けん玉年譜（年度）

西暦年	和暦年	事業・取組み
1973	昭和48	鈴木与三郎さんが山形博進社（後に山形工房に社名変更）創業、木地玩具・民芸品の製造を始める。
1975	50	日本けん玉協会創設。藤原一生さんが初代会長となり、協会公認の競技用けん玉製造を鈴木与三郎さんに依頼。
1977	52	山形博進社で日本けん玉協会公認の競技用けん玉「富士」の製造開始。
1987	62	長井市が日本けん玉協会会長の藤原一生さんに生涯教育学習専門委員を委嘱（1991年まで）。市内小中学校で講演と実技指導を行う。
1990	平成2	長井市が山形工房製造の競技用けん玉を生産日本一に認定。
1991	3	日本けん玉協会長井支部開設。
1992	4	長井市が山形県で開催された国体（べにばな国体）卓球競技（少年の部）開催地となり、開始式に市内の小学生約280人による集団演技を披露。1993（平成5）年から日本けん玉協会長井支部が長井郵便局の協力を得て予備室でけん玉道場を開く（1998年まで）。そのあとを受け、西根地区では公民館が主催する形で虹の森けん玉塾を開始している。

2005	17	日本けん玉協会の創立30周年式典を長井市で開催。
2014	26	「長井けん玉のふる里プロジェクト事業」がスタート。日本けん玉協会長井支部や教師・指導者などの関係者で構成される事務局を設置。べにばな国体の際に小学校6年生だったメンバーを各校から1名ずつ集めてプロジェクトメンバーとした。彼らは「べにばなレジェンド」と称され、プロジェクトの活動を中心的に担った。 プロけん玉師伊藤佑介さんを招いたイベント実施。
2015	27	中心市街地に「けん玉ひろばスパイク（ＳＰＩＫｅ）」を開設。プロジェクトメンバーでスパイクファミリーを結成。以後、スパイクファミリー、日本けん玉協会長井支部が連携して携わる。２０１６年より地域おこし協力隊員が管理人を務める。 ギネス世界一達成。「連続してけん玉をキャッチした人の最長の列」（通称大皿ドミノ）で１１４人が連続して成功。（２０１６年2月14日）
2017	29	「けん玉チャレンジ」が始まる。市内の宿泊施設、飲食店、カフェ、理容店などでけん玉の技を成功させると独自のサービスが受けられる。市内の50を超える店舗が協力。 作業療法士・リハビリ医の吉本秀一さん講演（けん玉を使った健康づくり、コミュニティづくり）。

2018	30	スパイクファミリーが、共同通信社主催の地域再生大賞に山形県代表としてノミネートされ、優秀賞を獲得した。 第1回「けん玉チャレンジラリー」をグローバルけん玉ネットワーク（通称グロケン）と共同で開催。 けん玉プロプレーヤー大川英一郎さん講演（楽しいけん玉の指導と普及）。
2019	31	第2回「けん玉チャレンジラリー」開催、海外プレーヤーも参加。 『ソトコト』編集長指手一正さん講演（けん玉でつながる関係人口・観光）。 「第1回長井市民けん玉大会」開催。
2020	令和2	けん玉を「市技」に定める条例の制定。 長井市技けん玉記録認定証交付規程を設置。 記録認定に平野小学校の児童、父兄が挑戦（「一斉大皿」で記録認定（202人））。 「第2回長井市民けん玉大会」開催。演歌歌手の三山ひろしさんに長井市けん玉大使を委嘱。
2021	3	山形ふるさとCM大賞にチャレンジ・なが～い庁舎前で大皿ドミノに挑戦。 「第3回長井市民けん玉大会」開催。
2022	4	長井小学校4年生が「一斉とめけん」で記録更新（67人）。

長井市の関連施策

2011	平成23	長井市が観光振興計画の策定に取り組む。地域の人口減少と産業体系の問題から地域経済が疲弊したため、現状の長井市を維持することが最大の課題となり、「地域内の消費力を上げるためには観光客などの交流人口を増加させ活力を取り戻すことが必要」とした。
2012	24	長井市が観光振興計画を策定。課題解決のためのアクションプログラムを進める。
2016	28	やまがた長井観光局が発足。滞在交流型の観光を構築すべく具体的に動き始め、年間を通じて長井市を訪れる人々を増やすために取り組む。
2018	30	広域の地域連携ＤＭＯとして「やまがたアルカディア観光局」に発展。より広域に活動範囲を拡げ、域内周遊観光に取り組んでいる。

取材・編集を終えて

2021年8月、30数年ぶりに訪れた長井市は、昔と変わらず美しい山々の緑と澄んだ空気、清流を流れる冷たくてきれいな水、咲き誇る季節の花々など豊かな自然に抱かれた、静かで落ち着いた佇まいの中に歴史と文化の香りのある、人情豊かなまちだった。

当時、長井市ではすでに競技用けん玉製造が行われていたが、まだ市民の間にけん玉への関心は高まってはいなかった。1992年のべにばな国体の卓球少年の部開会式のデモンストレーションで、小学生によるけん玉の集団演技を行うことが決まったことを機に、じわじわと市民の間にけん玉熱が広がり、国体開催を機に一気に燃え上がった。その後、一旦は下火になったが、市民の中にけん玉への熱い思いを持ち続ける人々がいて、それを支える民間や市(行政)の取り組みがあった。1990年代、2000年代はまさに長井市におけるけん玉文化の黎明期と言えるだろう。

そして、2014年にスタートした「長井けん玉のふる里プロジェクト事業」により「けん玉のまち長井」は内外に広く知られるようになった。1977年に競技用けん玉の生産が開始されてから46年の歳月が流れている。

長井市に根付いたけん玉文化は、関係者の普及に向けた、たゆまぬ努力で長期にわたって磨きあげられ、熟成されてきた。文化が地域に根付くには、一過性の付け焼き刃ではなく、じっくり熟成する期間が必要である。そして今も、長井市のけん玉文化は熟成、進化を続けている。けん玉文化を大事に育ててきた長井市の人々に改めて敬意を表したいと思う。

本書の取材を始めた2021年夏は、世界中に新型コロナウイルスが蔓延し、感染拡大の収束が見えず、多くの人々が苦しんでいた。その中で、密にならず、オンラインで同時に複数人のプレーも可能なけん玉はコミュニケーションツールとして人と人をつなげ、子どもからシニア世代までの運動、健康に役立ってきた。そして、けん玉の運動、健康効果への期待がますます高まってきている。

新型コロナウイルス感染の第6波がようやく収束の様相を見せてきた2022年2月下旬には、ヨーロッパでロシア軍のウクライナ侵攻が始まり、多くの人命が奪われ、建物が破壊されて、避難を余儀なくされる人々が続出している。世界では、ウクライナ以外にも紛争・戦争・虐待によって多くの人の命が奪われ、負傷、疾病、飢餓などで生活の困窮を余儀なくされ、命の危機に晒されている人たちがいる。戦禍に苦しむ人々が本来の生活を取り戻し、平和が訪れるよう、長井市からけん玉のひびきを発信し続けてもらいたいと思う。

本書の取材に当たって、公益社団法人日本けん玉協会専務理事・事務局長の堤早知子様、一般社団法人グローバルけん玉ネットワーク代表理事の窪田保様、山形工房の鈴木与三郎顧問、梅津雄治社長、日本けん玉協会長井市部の齋藤直樹様、齋藤紘子様、森輝彦様、スパイクファミリー（べにばなレジェンド）の土屋孝俊様、川村龍介様、山形大学人文社会科学部の本多広樹教授と研究室の学生の皆様、米沢栄養大学健康栄養学科の加藤守匡教授、四釜淳悟様、孫田静香様、土井沙織様、孫田繁樹様と大河様、小笠原和志様、金田紘様、深澤楓介様、支那そば新来軒の浅野桂介様、ベーグルＰＯＣＯの新野清彦様、いちわ食堂の青木一夫様、和恵様、けん玉ひろばスパイク管理人（地域おこし協力隊）の秋元悟様、松本健様、シェルビー・ブラウン様には快く取材にご協力いただき、貴重なお話をたくさんお聞かせいただいた。また、長井市観光文化交流課の皆様には長井市とけん玉に関するレクチャーと資料のご提供及び取材日程のご調整をいただいた。本書が皆様のご協力とご支援によってできあがったことに、心より感謝の意を表したい。

本書執筆の機会をくださった出版社ほんの木の高橋利直社長、岡田承子様、素敵なデザインをしてくださった後藤裕彦様、拙い文をご校正・ご修正くださった松井京子様にも重ねてお礼を申し上げたい。

長井市のけん玉文化のよりいっそうの進化と、長井市のさらなる発展を願って！

2023年2月2日

矢崎栄司

けん玉のふる里プロジェクト事業について

1 事業背景と目的

長井市は、平成元年に長井市における日本一のものを奨励し、栄誉を讃えることにより、市民意識の高揚を図るとともに、全国に誇れる活力あるまちづくりを推進することを目的に長井市日本一奨励に関する規則を制定した。この規則に基づき認定されたのが「競技用けん玉」の生産日本一である。また、同年、日本けん玉協会長井支部が結成された。

平成4年には、第47回国民体育大会(べにばな国体)卓球競技少年の部が長井市で開催され、開会式で、けん玉でデモンストレーションを行うこととなり、多くの小学生や市民がけん玉に携わる機会を持つことができた。

国体後20数年が経過し、当時のブームも次第に下火になり、現在、けん玉に取り組む小学校は、西根小学校、長井小学校、2校のみとなった。人口減少と産業体系の問題から地域経済も疲弊し、現状の長井市を維持することが最大の課題となっている。地域内の消費力を上げるには、観光客などの交流人口を増加させ、活力を取り戻すことが必要。長井市は、平成24年度に観光振興計画を策定し、課題解決の為にアクションプログラムを進めている。そして、平成28年度からは、やまがた長井観光局が滞在交流型の観光を構築すべく具体的に動き始め、年間を通して長井市に訪れる人口を増やすため取り組んできた。平成31年度より広域の地域連携ＤＭＯとしてやまがたアルカディア観光局に発展、より広域に活動範囲を拡げ、域内周遊観光に取り組んでいる。

現在、世界的にけん玉が注目されている中、長井市では平成26年度にべにばな国体の際に小学生だったメンバーを中心に「長井けん玉のふる里プロジェクト事業」をスタートさせた。平成27年度にけん玉ひろばスパイク（ＳＰＩＫｅ）の開設、「連続してけん玉をキャッチした人の最長の列」記録114人を達成し、ギネス世界一の記録を作った。平成29年度には長井市内の宿泊施設や飲食店、カフェ、理容店などでけん玉の技にチャレンジし、成功すると独自のサービスが受けられる「けん玉チャレンジ」が始まり、令和元年度には「第一回長井市民けん玉大会」、令和2年度には市民からの強い要望により、けん玉を長井市の市技に制定。歌手の「三山ひろしさん」を長井市けん玉大使に任命するなど、けん玉は長井市の文化として市民の皆さんに親しまれる貴重な資源であり、長井市をＰＲする重要なアイテムとなっている。

また、地域のけん玉愛好者によって組織されたスパイクファミリーでは、全国各地のけん玉愛好者が一堂に会する〝芋煮会×けん玉〟、〝ＢＢＱ×けん玉〟などの交流をメインとした企画を打ち出すなど、長井市の関係人口の創出に一役を買っている。令和3年度からは、けん玉ワールドカップ（ＫＷＣ）のオンライン開催における山形県会場として長井市が選ばれ、全国におけるけん玉愛好者の中でも盛り上がっている地域の一つとして当市の知名度向上につながっている。

今後もけん玉ひろばスパイクを拠点とし、地域が誇るけん玉をまちづくりのアイテムの一つとして、交流人口増加、中心市街地活性化、この地に育まれてきた山と森林、川と水を受け継ぐ木工の文化継承に役立てるため、取り組むものである。

2 事業推進の骨子

けん玉のふる里プロジェクト実行委員会

けん玉を活用して、長井市のまちづくりを推進するため、実行委員会を設置し全体運営を行う。主目的は、

令和4年度に取り組む3本の矢

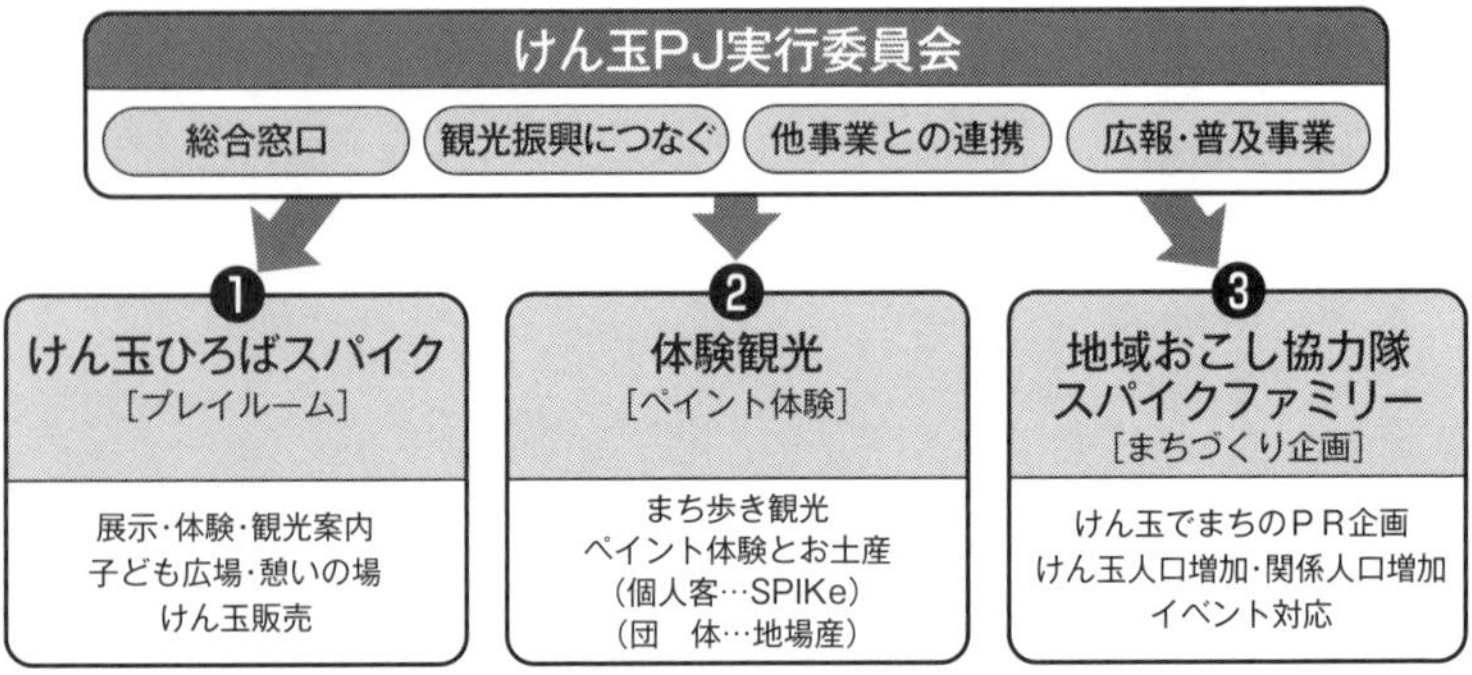

長井市に訪れる観光交流客を増やすことであるが、その目的のために以下の主力3事業を運営する。

　この事業を運営することにより、

・観光誘客の受け皿と仕組み作りを整備すること
・けん玉に親しめる環境を増やすこと
・けん玉人口を増やすこと

を目指す。

① 中心市街地へのけん玉ひろばスパイクの設置

　空き店舗を利用し、けん玉を紹介するコーナーを設け、けん玉を知り、体験できる場所を設置する。加えて、駅前の立地条件から観光客の対応も行い、道案内や長井の紹介業務を担う。

　施設の運営は、けん玉によるまちづくりに取り組む地域おこし協力隊を中心に、けん玉協会長井支部、スパイクファミリーが連携して携わることで、地域の憩いの場としての活用を行う。また、若い世代の自由で柔軟な発想により、この場所を活用して、駅前通りに活力を導き出すことも期待される。ゆくゆくは、ここを拠点としたけん玉を活用した民間起業も視野に入れる。

② まち歩き観光でのペイント体験

　まち歩き企画の中にペイント体験ができる仕組みを構築し、まち歩き観光の内容充実を図る。また、商店街との連携による仕組み作りや土産物の取り組みも期待する。

③ 地域おこし協力隊・スパイクファミリー活動

自由な発想で楽しみながらけん玉を広め、長井・観光を盛り上げる。そのため、多くの市民がけん玉に親しむ環境づくりに取り組み、けん玉人口の増加を図る。（イベントごとのけん玉広場、メディア出演、広報など）また、「長井に来たらけん玉とふれあえる」というまちを実現するため、NPOや商店街などと協力した企画を開発する。さらに、市外、県外、海外におけるイベントにおいて、けん玉イベントパフォーマンスによる「けん玉のふる里・長井」のPR活動を行う。

3 事業推進の分担

日本けん玉協会長井支部

検定会、大会、教室指導、技術指導、普及啓蒙活動、ペイントコンテスト、級位認定　等

スパイクファミリー（けん玉を活用した長井のPR、けん玉の普及を行っている団体）

けん玉でまちを盛り上げる活動、イベント参加、広報　等

やまがたアルカディア観光局

けん玉やグッズ販売、ペイント体験（団体）、まち歩き観光との連携　等

地場産業振興センター

ペイントコンテスト、けん玉及び関連グッズの開発と販売　等

西根コミュニティセンター

けん玉教室（少年〜老年）の開催、地域活動　等

地域おこし協力隊

けん玉ひろばスパイクの運営、ペイント体験（個人）、けん玉及び関連グッズの開発と販売、イベント参加、技術指導、級位認定　等

4 これまでの主な事業内容

● けん玉ひろばスパイクの運営

営業時間：10時～17時（無休（不定休））

けん玉ひろばスパイク 来館者数　（単位：人）

年度	市内来店者	市外来店者	総計	備考
H28	759	367	1,126	H28年8月～H29年3月
H29	1,227	1,323	2,550	H29年4月～H30年3月
H30	1,681	1,680	3,361	H30年4月～H31年3月
R元	954	1,987	2,941	H31年4月～R2年3月
R2	863	644	1,507	R2年3月～R3年3月
R3	655	1,175	1,830	R3年4月～R4年3月
総計	6,139	7,176	13,315	

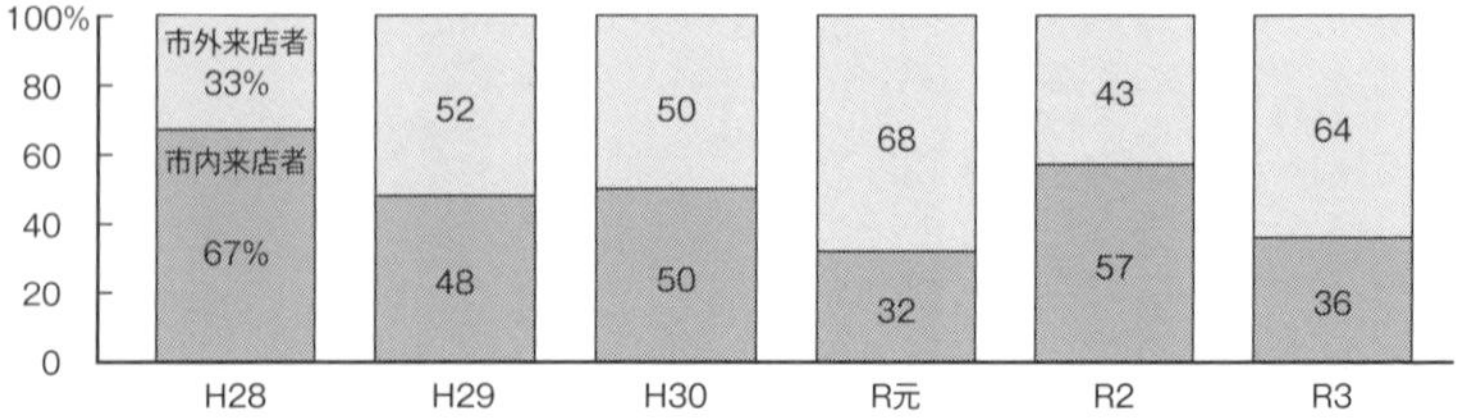

●けん玉ギネス記録達成

「連続してけん玉をキャッチした人の最長の列」
記録114人

現在、紅白歌合戦において三山ひろしさんの歌唱中に挑戦している記録の初代記録を長井市が樹立。けん玉の大皿という技のリレーをつないでいく記録となるため、一人ひとりに相当のプレッシャーがかかる。ギネス記録認定を契機にまたけん玉が盛り上がりを見せた。

●けん玉チャレンジ

長井市内の宿泊施設やレストラン、ラーメン屋、お菓子屋さんなどを利用し、指定のけん玉の技に成功すると、お得なサービスが受けられる長井市独自の取り組み。現在、市内50を超える店舗に協力いただいている。

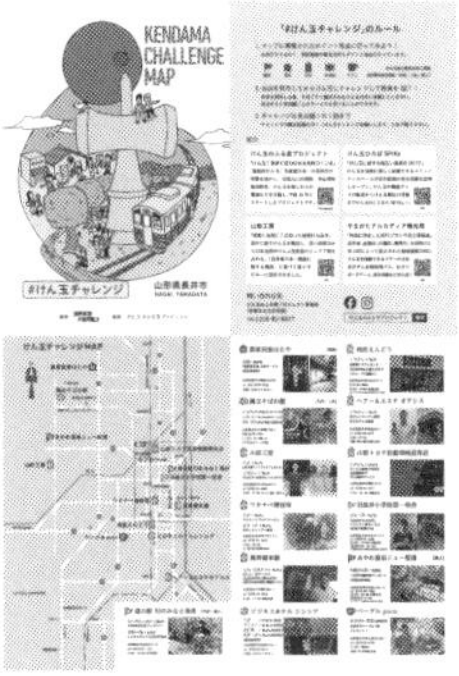

●けん玉チャレンジラリー（ケン玉ノ日 in 長井）

２０１８年５月12～13日、２０１９年７月28日けん玉の楽しさを広めたいという目的で活動している〝グローバルけん玉ネットワーク（通称グロケン）〟と共催して実施したけん玉イベント。けん玉チャレンジラリーと称し、チャレンジマップを活用したイベントも併せて実施した。１００名を超える参加があり、うち半数は県外参加者。２０１９年には海外プレイヤーも長井市を訪れている。

●第一回市民けん玉大会

長井市民を対象に実施した市民けん玉大会。子どもからシニア世代まで老若男女が広く等しく楽しめる大会として、約70名の参加があった。第一回の優勝者は小学２年生の女子で、上位３名はいずれも小学生であった。

● 第二回市民けん玉大会

ゲストに三山ひろしさんをお招きし、長井市けん玉大使を委嘱。新型コロナウイルス感染対策を行いながら開催。参加者は３５名。来場者は約１５０名。

第二回の優勝者は子どもとともにけん玉をしているお父さんで、２位、３位はいずれも小学生であった。

● 第三回市民けん玉大会

新型コロナウイルス感染対策を行いながら開催。参加者は約50名。観覧者は約20名。第三回の優勝者は小学4年生の男子で、2位、3位もいずれも小学生であった。

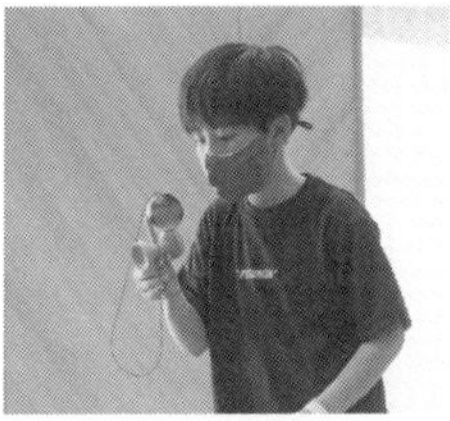

● 市内イベント参加やけん玉講習会

市内イベントでのけん玉ブース出店、市内児童センターや福祉施設でのけん玉講習会

福祉施設でのけん玉講習会

〝僕らの文楽〟イベントブース出店

けん玉ペインティング

けん玉道場　大人の部

他地域のけん玉愛好者との交流

あやめまつりにおける出店

●市外、県外、海外におけるPR活動

台湾でのけん玉パフォーマンスに参加

江戸川区民まつり　けん玉ブース出店

米沢ロックフェス　けん玉パフォーマンス

人も地域も元気になる
市技は「けん玉」 山形県長井市

2023年3月20日　　第1刷発行

長井けん玉のふる里プロジェクト実行委員会 編

発行人	高橋 利直
取材・編集	矢崎 栄司
取材協力	山形県長井市、けん玉ひろばスパイク
写真協力	山形県長井市
編集協力	岡田 承子、永田 聡子
ブックデザイン	後藤 裕彦（ビーハウス）
校正	松井 京子
発行所	株式会社ほんの木 〒101-0047　東京都千代田区内神田1-12-13 第一内神田ビル2階 TEL 03-3291-3011　FAX 03-3291-3030 http://www.honnoki.co.jp E-mail　info@honnoki.co.jp
印刷・製本	中央精版印刷株式会社

ISBN 978-4-7752-0136-7　Printed in Japan